山香教育
中国教师一站式服务平台
股票代码：872987

国家教师资格考试10套卷

21天通关

综合素质

小学

山香教师资格考试命题研究中心　主编

首都师范大学出版社
CAPITAL NORMAL UNIVERSITY PRESS

图书在版编目(CIP)数据

国家教师资格考试·21 天通关 10 套卷. 综合素质. 小学 / 山香教师资格考试命题研究中心主编. --北京 : 首都师范大学出版社, 2018.4(2020.12 重印)

ISBN 978-7-5656-4323-1

Ⅰ. ①国… Ⅱ. ①山… Ⅲ. ①教师素质-小学教师-资格考试-习题集 Ⅳ. ①G451.1-44

中国版本图书馆 CIP 数据核字(2018)第 065793 号

国家教师资格考试21 天通关 10 套卷
ZONGHE SUZHI XIAOXUE
综合素质·小学
山香教师资格考试命题研究中心 主编

策划编辑 张文强
责任编辑 李 梅 王慕飞　　封面设计 山香教育
首都师范大学出版社出版发行
地　　址 北京市西三环北路 105 号
邮　　编 100048
电　　话 010-68418523(总编室)　　010-68982468(发行部)
网　　址 http://cnupn.cnu.edu.cn
印　　刷 河南黎阳印务有限公司
经　　销 全国新华书店
版　　次 2018 年 7 月第 1 版
印　　次 2020 年 12 月第 3 次印刷
开　　本 787mm×1092mm 1/16
印　　张 6
字　　数 128 千
定　　价 22.00 元

前　言

教师资格考试是依据《教育部关于开展中小学和幼儿园教师资格考试改革试点的指导意见》(教师函〔2011〕6 号)和《教育部办公厅关于 2012 年扩大中小学教师资格考试改革和定期注册制度试点工作的通知》(教师厅〔2012〕1 号)文件开展实施的考试项目。2011 年中小学教师资格考试改革首先在湖北、浙江两省开展试点工作,随后试点范围逐步扩大。教师资格笔试单科成绩有效期为 2 年,教师资格考试合格证明有效期为 3 年,中小学教师资格实行 5 年一周期的定期注册。目前,除内蒙古、新疆和西藏外,我国其余省份全部实行教师资格全国统一考试。

为帮助广大有志于投身教师行业的考生能在最短时间内,高效通过考试,山香教育在调研历年教师资格考试真题的基础上,结合最新考试标准和考试大纲,精心编写了这套《国家教师资格考试·21 天通关 10 套卷》。

本套试卷具有以下特点:

1. 紧依大纲,浓缩考点。本套试卷按照最新考试大纲编写,知识点全面,题型设置和整体难度也较为准确、全面地反映了大纲的要求,是考生进行备考不可多得的辅导资料。

2. 分析考题,精准预测。本套试卷依真题进行命制,切中考点,命中率高,帮助考生有针对性地进行强化训练。

3. 答案要点,精讲精析。本套试卷的答案解析不仅给出了答案,而且对知识点进行了详细、独到、启发性极强的解析,注重解题思路的规范性和技巧性,以期达到全面提升考生应试能力的效果。

本套试卷难免存在一些不足之处,衷心希望各位读者朋友批评指正,同时希望这套试卷能为考生顺利通过教师资格考试提供帮助。

编　者

目录

第一阶段 核心训练试卷

第二阶段 题型分类试卷

第三阶段 模拟试卷

第一阶段　核心训练试卷

（本阶段共16天）

- 核心训练试卷
  - 试卷一
    - 第1天　教育观
    - 第2天　学生观
    - 第3天　教师观
  - 试卷二
    - 第4天　我国有关教育的法律法规（一）
    - 第5天　我国有关教育的法律法规（二）
    - 第6天　我国有关教育的法律法规（三）
    - 第7天　我国有关教育的法律法规（四）
  - 试卷三
    - 第8天　教师职业道德及行为
    - 第9天　教师的历史文化素养
  - 试卷四
    - 第10天　教师的科学文化素养
    - 第11天　教师的传统文化素养
    - 第12天　教师的文学素养
    - 第13天　教师的艺术素养
  - 试卷五
    - 第14天　教师的信息处理能力
    - 第15天　教师的逻辑思维能力
    - 第16天　教师的阅读理解及写作能力

试卷一　教育观

一、单项选择题(本大题共7小题,每小题2分,共14分)

1. 学习成绩一般的晓丽在县舞蹈比赛中取得了良好的成绩。班会上,班主任吴老师表扬了她:“一花一世界,每个人都有自己的精彩。”这表明吴老师关注(　　)

A. 学生的个性发展　　B. 学生的品行发展

C. 学生的知识习得　　D. 学生的身心健康

2. 小玲是一个很有艺术天分的姑娘,钢琴、舞蹈、唱歌都非常出众,也经常获奖。于是小玲认为自己凭借这些就可以上一个不错的大学,不用学习枯燥的文化知识了。她的班主任赵老师也这样认为,因此对于小玲上课的不认真表现总是睁一只眼闭一只眼。赵老师的做法(　　)

A. 不合理,没有关注到学生的全面发展　　B. 合理,尊重了学生的个性发展

C. 不合理,应该让学生在各个领域平均发展　　D. 合理,符合素质教育的要求

3. 在全县校长经验交流会上,某校校长强调素质教育就是减负和增加课外活动。该校长的说法(　　)

A. 错误,是对素质教育的片面理解

B. 正确,体现了素质教育与学科教学的结合

C. 正确,符合提升教学实力的需要

D. 正确,符合凝练学校办学特色的需要

4. 在教学研讨会上,作为教研组组长的周老师多次强调:“作为老师,我们要寻找、研究一种适合儿童的教育,而不是挑选适合教育的儿童。”周老师的这一观点体现了素质教育要(　　)

A. 以提高国民素质为根本宗旨　　B. 面向全体学生

C. 促进学生全面发展　　D. 促进学生个性发展

5. 平时纪律比较差的图图在这次手工课上表现得特别出色,不仅很好地完成了手工课上老师的要求,还帮助了其他同学。胡老师表扬道:“每种色彩,都应该盛开。”胡老师的做法(　　)

A. 正确,关注了学生的个性发展　　B. 错误,忽视了学生的品行发展

C. 正确,关注了学生的全面发展　　D. 错误,忽视了学生的身心健康

6. 在电视剧《虎妈猫爸》中,“虎妈”赵薇为女儿制定了一个文化、体育、艺术全面发展的学习计划,报了很多兴趣班,把女儿的休息时间占得满满的,而“猫爸”佟大为则秉承快乐教育

原则，认为要尊重孩子，反对给女儿报那么多兴趣班。结合素质教育的理念，下列说法正确的是(　　)

A.“虎妈”注重全面发展，有利于孩子的成长和发展

B.“猫爸”尊重孩子的主体地位，有利于孩子的成长和发展

C.“猫爸”过于溺爱，不利于孩子的成长和发展

D.“虎妈”注重教育的多元化，有利于孩子的成长和发展

7. 陈老师在上课中，经常问学生：“大家想一想，还有其他答案吗？有没有不同的解题方法？”这表明陈老师重视(　　)

A. 促进学生全面发展

B. 促进学生个性发展

C. 面向全体学生

D. 注重培养学生的创新精神和发散思维

二、材料分析题(本大题共 14 分)

美术课上，教师引导学生们画熊猫。突然，小华问：“我能不能画彩色的熊猫?”“哈哈！你见过彩色的熊猫吗?”边上的乐乐反问道。李老师对他们说道：“熊猫只有黑色和白色，不过，你可以帮它穿上一件彩色的衣服。”小华一听，高兴地说：“好的，我这就帮它穿一件漂亮的彩色衣服。”学生们的作品完成了，帮熊猫穿上彩色衣服的还不止小华一个呢。

问题：请结合材料，从教育观的角度，评析李老师的教育行为。

今日回顾

1. 素质教育的内涵。
2. 素质教育与应试教育的区别。
3. 实施素质教育的误区。

试卷一　学生观

一、单项选择题(本大题共7小题,每小题2分,共14分)

1. 一次期中考试,某班学生陈功考得很差,没有及格,班主任当着全班同学的面讽刺他:"你还'成功'呢,你干脆改名叫'失败'吧。叫'失败'多好,还是'成功之母'。"关于班主任的做法,下列说法正确的是(　　)

A. 激励了学生学习的积极性　　B. 体现了学生学习的主体地位

C. 维护了教师的权威　　D. 没有认识到学生是发展的人

2. 赵老师每月都会重新调整座位,他排座位的原则是:月考中考分高的学生坐在教室的中间区域,考分低的学生坐在边角位置。赵老师的做法(　　)

A. 正确,符合公平竞争的要求　　B. 错误,有违教育公正的理念

C. 正确,符合因材施教的理念　　D. 错误,违背分班教学的要求

3. 张老师认为学生是"一张白纸",可以任人随意描绘;学生的头脑是一个"容器",可以任意进行填塞。张老师的这一观点主要违背了学生观中的(　　)

A. 学生的身心发展是具有规律的　　B. 学生是学习的主体

C. 学生是责权主体　　D. 学生与成人之间存在巨大差异

4. 三(一)班的学生正在排练元旦节目,准备表演舞蹈《快乐的节奏》,但其他同学说康康总是跳错动作,于是赵老师就把康康"开除"出了舞蹈队。王老师的做法(　　)

A. 合理,保证了节目的质量

B. 不合理,是不尊重学生的表现

C. 合理,发扬了教育民主

D. 不合理,不利于学生的身体发展

5. 特级教师宁鸿彬在教学中遵循"三个允许"的原则:允许犯错,允许改错,允许提出不同意见。这样做的理由是因为(　　)

A. 学生是独特的人　　B. 学生是发展的人

C. 学生是具有独立意义的人　　D. 学生是具有主观能动性的人

6. 凡凡对科学活动很感兴趣,长大后想当科学家。吴老师知道后说:"你在科学课上的表现不好,反应太慢,不太适合当科学家。"吴老师的做法(　　)

A. 正确,结合学生的实际情况给出建议,有助于学生的发展

B. 正确,有助于帮助学生树立正确的目标

C. 不正确,没有看到学生的发展潜能

D. 不正确,应该委婉地提意见

7. 陶行知认为，培养教育人和种花草树木一样，首先要认识花草树木的特点，区别不同情况给以施肥、浇水和培养教育。这种观点体现了(　　)

A. 学生是发展的人，要重视学生的发展性

B. 学生是发展的主体，要重视学生的主体性

C. 学生是独特的人，要关注学生的个别差异，因材施教

D. 学生是自主发展的人，要培养学生的主体意识

二、材料分析题(本大题共 14 分)

一年级学生莎莎，由于母亲工作忙，开学第一天，莎莎的耳朵没有洗干净。第一节课，张老师发现了莎莎的耳朵脏，把她作为一个反面示例，叫莎莎站起来给大家看，引起了全班同学的大笑。从此以后，每次上张老师的课，莎莎总是把头埋得很低，总是觉得大家都在看她，都在嘲笑她。因此莎莎的数学成绩一直很差。张老师把原因归结于莎莎上课不认真，没能集中注意力去听课，以致莎莎的成绩越来越差，期末考试时，她的数学就考了 40 分。莎莎的身心发展受到了严重的影响。

问题：请结合材料，从学生观的角度，分析张老师的教育行为。

今日回顾

1.“以人为本”的学生观。

2. 教育公正。

试卷一　教师观

一、单项选择题(本大题共 7 小题,每小题 2 分,共 14 分)

1. 小郑、小刘都是某学校的数学老师,平时两人都很努力,也喜欢暗暗较劲。学校举办的青年教师说课比赛,小郑和小刘都有参加,但赛前两位老师既无教学的交流,也无比赛想法的讨论,最后双双遗憾出局。关于小郑和小刘的做法,下列说法合理的是(　　)

A. 有利于教师的个人成长　　B. 有利于教师在竞争中成长

C. 体现了教师公平竞争的自觉性　　D. 违背了教师间的合作理念

2. 学生问:“老师,我考试总是很紧张,怎么办?”老师说:“你学习不够努力,没有复习好,所以就紧张了。”由此可以看出这位老师缺乏(　　)

A. 政治理论知识　　B. 学科专业知识

C. 科学文化知识　　D. 教育科学知识

3. 针对本市水污染严重的现状,李老师带领学校其他教师,编写了有关环境保护的学生读本,并在全市推广环境保护课程。这突出体现了李老师是(　　)

A. 学生学习的指导者与促进者　　B. 课程的建设者与开发者

C. 课堂教学的管理者　　D. 课堂教学的组织者

4. 胡老师每次课后都会回顾整个教学过程,认真记录教学中存在的问题,分析并改进教学。这体现了胡老师注重(　　)

A. 教学反思　　B. 教学反馈

C. 情境创设　　D. 教学创新

5. 在教学活动中,经常出现儿童随声附和老师提出的“是不是?”“好不好?”“对不对?”回答“是”“好”“对”,这种现象说明老师没有做好(　　)

A. 学生的引导者　　B. 课程的建设者

C. 教学的研究者　　D. 学生的合作者

6. 张老师经常与学生沟通交流,主动与同事们分享自己的教学经验和资源,而且还鼓励家长参加学校的各项活动,学生、家长和同事们都很喜欢她。这说明张老师已具备了(　　)

A. 环境创设与利用能力　　B. 教学组织管理能力

C. 沟通与合作的能力　　D. 课程开发与建设能力

7. 马老师发现学校的废旧纸盒、废旧轮胎在角落里无人问津,经过校长的同意后,在班级里

进行了一节“变废为宝”的活动课程。马老师的行为体现了教师是(　　)

A. 课程的开发者和建设者　　B. 学生学习的促进者

C. 教育教学的研究者　　D. 社区型开放的教师

二、材料分析题(本大题共 14 分)

小明上小学一年级时因经常把麻雀、青蛙、蚯蚓等小动物带到教室而被老师批评和惩罚。上小学三年级后,他仍然经常把小动物带进教室,班主任发现后不但没有批评他,还在班里成立了动物兴趣小组。他非常激动,向班主任表示了决心。半年后,小明在班主任的引导下,通过对动物的探索活动,懂得了学好各门功课的重要性,并对学习产生了浓厚的兴趣,也逐渐改掉了散漫的习惯,学习有了很大进步,完成并发表了《蚯蚓在农业生产中的作用》的小论文,还在全市昆虫标本制作比赛中获得了一等奖。

问题:请结合材料,从教师观的角度,评析班主任的教育行为。

今日回顾

1. 教师职业素养。

2. 新课程倡导的教师观。

3. 教师专业发展。

试卷二　我国有关教育的法律法规(一)

单项选择题(本大题共 9 小题,每小题 2 分,共 18 分)

1. 下列选项中,由全国人民代表大会常务委员会行使的职权是(　　)

A. 修改宪法

B. 选举中华人民共和国主席、副主席

C. 制定和修改刑事、民事、国家机构的和其他的基本法律

D. 解释宪法,监督宪法的实施

2. 教师钱某认为学校侵犯了其获得工资报酬的权利,他向当地教育行政部门提出申诉,教育行政部门接到申诉作出处理的时间是(　　)

A. 15 日内　　B. 30 日内

C. 45 日内　　D. 60 日内

3. 江某的女儿玲玲已经六岁了,因身体状况无法按时入学,江某向当地乡镇人民政府提出申请延缓入学一年,当地乡镇人民政府应当(　　)

A. 拒绝,玲玲已经六周岁,必须立刻接受义务教育

B. 拒绝,必须延缓两年入学

C. 批准,可以延缓到七周岁入学

D. 批准,但必须多缴纳一年学费

4. 母亲杨某外出打工,将 9 周岁的儿子小强留下长期单独居住。杨某的做法(　　)

A. 合法,可以改善小强的物质生活条件

B. 合法,可以提高小强的独立生活能力

C. 不合法,不得让不满 16 周岁的未成年人脱离监护单独居住

D. 不合法,不得让不满 18 周岁的未成年人脱离监护单独居住

5. 小学生张某在学校组织的体育活动中受伤,学校和学生家长书面请求教育主管部门进行调解。根据《学生伤害事故处理办法》,该主管部门完成调解的时间段为(　　)

A. 受理申请之日起60 日内　　B. 受理申请之日起 45 日内

C. 受理申请之日起 30 日内　　D. 受理申请之日起 15 日内

6. 根据《中华人民共和国宪法》,最高人民法院是国家的(　　)

A. 最高权力机关　　B. 最高监察机关

C. 最高审判机关　　D. 最高行政机关

7. 根据《中华人民共和国教育法》规定，国家实行的义务教育制度年限是（　　）

A. 6 年　　B. 8 年

C. 9 年　　D. 12 年

8. 司法机关依法独立行使职权，该原则的含义是：人民法院、人民检察院依法独立行使自己的职权，不受（　　）

A. 权力机关的干涉

B. 上级司法机关的干涉

C. 行政机关、社会团体和个人的干涉

D. 政党、社会团体和个人的干涉

9. 根据《中华人民共和国教师法》规定，教师节是每年的（　　）

A. 十月一日　　B. 七月一日

C. 八月一日　　D. 九月十日

今日回顾

1. 我国主要法律法规中与时间/年龄/数字相关的内容。

2. 国家机构及其主要职权。

Day 5 试卷二 我国有关教育的法律法规(二)

单项选择题(本大题共 9 小题,每小题 2 分,共 18 分)

1. 某县公安机关为调查一起刑事案件,要求移动通信公司提供嫌疑人的移动通话详单。根据《中华人民共和国宪法》规定,该公安机关的要求(　　)

A. 不合法,公民的通信自由和通信秘密受法律保护

B. 合法,公安机关是为了调查刑事案件

C. 不合法,任何情况下国家机关都无权获取公民的通信信息

D. 合法,公民的移动通话详单不受法律保护,公安机关可随意查看

2. 根据《中华人民共和国宪法》规定,父母有抚养、教育(　　)的义务。

A. 未成年子女的非婚配偶　　B. 子女

C. 孙子、孙女　　D. 未成年子女

3. 某小学向学生收取练习本费用,未向社会公开收费项目。该校做法(　　)

A. 不合法,义务教育学校不能收费　　B. 不合法,学校必须公开收费项目

C. 合法,学校有自主管理权　　D. 合法,学校是按规定收费

4. 学生赵某因考试作弊受到学校记过处分,赵某对学校给予的处分不服,依照我国《中华人民共和国教育法》的规定,赵某有权向当地教育行政部门提出(　　)

A. 申请　　B. 控告　　C. 申诉　　D. 诉讼

5. 张老师虽然尚未取得教师资格证,但由于教学成果突出,所带班级多次获得全市第一,以致被全市最好的小学聘用。下列对张老师的评价,正确的是(　　)

A. 张老师教学成果优秀,即使没有取得教师资格证,也是一名光荣的人民教师

B. 张老师没有取得教师资格证,依法不能被聘任为教师

C. 张老师的教学能力证明他是一名优秀的教师,根本不需要取得教师资格证

D. 张老师可以先当教师,再考教师资格证

6. 国培计划又开始了,小张老师非常想去参加培训,但是教导主任却告诉他,现阶段是学校的成长壮大时期,急需张老师这样的教学骨干,让他以学校大局为重,不许他参加这次培训,让他过几年再去参加培训。下列说法正确的是(　　)

A. 小张老师应以学校大局为重,放弃培训

B. 小张老师业务精良,不需要培训

C. 学校的做法侵犯了小张老师的参与管理权

D. 学校的做法侵犯了小张老师的进修培训权

7. 下列选项中,不属于我国《宪法》所规定的公民自由的是(　　)

A. 出版自由　　B. 纳税自由

C. 宗教信仰自由　　D. 科学研究自由

8. 某小学教师黄某认为自己的学历和能力都已达标,拒绝参加教育行政部门利用假期组织的教师培训活动。黄某的做法(　　)

A. 正确,教师可以放弃个人权利

B. 不正确,教师不能放弃培训的权利

C. 正确,教师享有专业自主权利

D. 不正确,提升业务水平是教师义务

9. 陈老师根据本班学生的实际情况进行课堂教学改革,但校领导担心家长会反对,同事们对他的计划也很不支持。陈老师应该(　　)

A. 坚持改革,这是教师的权利　　B. 坚持改革,这是教师的义务

C. 放弃改革,这纯属没事找事　　D. 放弃改革,这违背教学常识

今日回顾

1. 我国主要法律法规中与权利和义务相关的内容。
2. 我国主要法律法规中与制度相关的内容。

Day 6 试卷二　我国有关教育的法律法规(三)

单项选择题(本大题共9小题,每小题2分,共18分)

1. 某市教育局局长挪用教育经费,为自己建造豪华办公室。那么,应当依法(　　)

A. 责令其赔礼道歉　　B. 给予其行政拘留

C. 责令其限期悔过　　D. 给予其行政处分

2. 某学校在建校50周年时制作了一批纪念品,校长要求学生必须购买一件纪念品。这种做法(　　)

A. 合法,纪念品有特殊意义,每个学生都应该收藏

B. 合法,可以扩大学校的影响力

C. 不合法,应给予通报批评,没收违法所得

D. 不合法,应责令学校限期改正

3. 李某天生有腿疾,智力发育比较晚,成绩很差,数学老师多次在全班同学面前骂他是“瘸腿笨蛋”,李某因此抑郁,不能正常上学。根据《中华人民共和国教师法》的相关规定,数学老师可能因此承担(　　)

A. 行政处分　　B. 行政处罚　　C. 民事责任　　D. 无法律责任

4. 因违反课堂秩序,某小学教师罚学生做100个仰卧起坐,学生家长向教育局投诉。对此适宜的处理是(　　)

A. 责令改正　　B. 辞退教师　　C. 撤职校长　　D. 撤职教务主任

5. 某寄宿小学派车接送学生,途中有学生提出要上厕所,司机在路边停车5分钟,5分钟过后,司机没有清点人数就将车开走了。小学生王某从厕所出来发现车已经开走,急忙追赶。在追赶过程中摔倒在地,将门牙跌落三颗。王某的伤害应由(　　)承担责任。

A. 司机　　B. 寄宿学校

C. 寄宿学校和王某　　D. 司机和王某

6. 某小学周末组织学生到敬老院为老人做好事。8岁的王某在为一位老人擦窗户玻璃时,不慎从2楼窗台跌下摔伤,经医院诊断治疗,花去医疗费一万余元。对于王某摔伤的赔偿责任,下列说法不正确的是(　　)

A. 王某摔伤是为敬老院擦玻璃,应当由敬老院负主要赔偿责任

B. 学校组织学生去敬老院做好事才出的事故,学校应该负赔偿责任

C. 学校在组织学生外出活动时,应先做好安全教育和指导

D. 学校不应该安排8岁小学生擦二楼玻璃这样具有危险性的工作

7. 某校规定:严禁学生携带手机进入教室,一旦发现,立即没收,并销毁示众。该规定侵犯的学生权利是(　　)

A. 人身权　　B. 隐私权　　C. 名誉权　　D. 财产权

8. 赵某系某校三年级学生,经常在课堂上看课外书,班主任王老师多次对赵某进行批评教育,但赵某没有改正。王老师要求家长将赵某领回家进行教育,一周后再来学校学习。王老师侵犯了赵某的(　　)

A. 参加教育教学活动权　　B. 获得公正评价权

C. 获得学业证书权　　D. 使用图书资料权

9. 某次体育课上因老师迟迟未到,班长刘某组织同学到操场踢足球,在踢球时,学生宋某突然昏倒在地,经抢救无效死亡。经调查得知,宋某患有先天性心脏病,而学校事先并不知晓。在这次事故中,应依法承担责任的是(　　)

A. 学校和宋某的监护人　　B. 学校和刘某的监护人

C. 刘某和宋某的监护人　　D. 刘某的监护人和宋某的监护人

今日回顾

1. 我国主要法律法规中与法律责任、事故责任相关的内容。
2. 侵犯学生权利的主要表现。

Day 7 试卷二　我国有关教育的法律法规(四)

单项选择题(本大题共 9 小题,每小题 2 分,共 18 分)

1. 某小学为提高生源质量,自行组织入学考试,实行跨学区招生。该学校的做法(　　)

A. 合理,学校有招收学生的权利

B. 合理,学校有自主办学的权利

C. 不合法,违反了尊重学生人格的规定

D. 不合法,违反了免试就近入学的规定

2. 根据《中华人民共和国教育法》的规定,设立学校及其他教育机构,必须具备一定的基本条件。这些条件不包括(　　)

A. 有组织机构和章程

B. 有优秀的教师团队

C. 有符合规定标准的教学场所

D. 有必备的办学资金

3. 教师林某因盗窃被法院判处有期徒刑一年,缓刑一年,下列说法中正确的是(　　)

A. 林某服刑期满可以从事教师职业

B. 林某可在民办小学从事教师职业

C. 林某五年内不得从事教师职业

D. 林某终身不能从事教师职业

4. 三年级学生王某学习成绩很差,考试成绩经常排全年级倒数第一,为了维护学校形象,学校决定将王某开除。学校的做法(　　)

A. 属于教学方法不当,但不违法

B. 属于维护学校教学秩序的行为,不违法

C. 符合学校的管理制度,不违法

D. 侵犯了学生的受教育权,违法

5. 小学三年级学生张某上课和同学嬉闹,老师用巴掌打其手心,并让他站着听课。老师的做法(　　)

A. 属于正当的教育行为

B. 违反了《中华人民共和国未成年人保护法》

C. 侵犯了学生的言论自由权

D. 属于学校内的行为,他人不应干预

6. 某小学开展法制教育活动,要求学生家长配合。然而,有些父母说:"孩子送到学校,学校就应对孩子的教育全权负责,我们平时工作忙,根本没时间管孩子。"父母的做法(　　)

A. 正确,学校不能推卸自己的教育责任

B. 正确,父母没有承担法制教育的责任

C. 不正确,父母对未成年人的法制教育负有直接责任

D. 不正确,学校对未成年人的法制教育负全责

7. 未满十六周岁的学生小明被收容所收容教养,下列行为不符合《中华人民共和国预防未成年人犯罪法》规定的有(　　)

A. 收容所安排小明继续接受文化知识学习

B. 小明解除收容教养后参加高考,报考的普通院校录取了小明

C. 收容所对小明进行法制教育

D. 小明解除收容教养后,原所在学校拒绝小明的复学申请

8. 孤儿陈明常年在外过着流浪乞讨的生活,好心人士发现后把陈明送到了当地的未成年人救助机构。依据《中华人民共和国未成年人保护法》,该救助机构可以采取的措施是(　　)

A. 将陈明交儿童福利机构收留抚养　　B. 将陈明送专门学校接受教育改造

C. 将陈明送当地学校完成义务教育　　D. 将陈明交当地人民政府收容教养

9. 某小学王校长发现校门口有商贩向学生兜售散装香烟。他应该采取的做法是(　　)

A. 制止学生购买香烟,立即将商贩劝离　　B. 允许学生购买香烟,禁止其校内吸烟

C. 制止学生购买香烟,对商贩处以罚款　　D. 允许学生购买香烟,对商贩不予干涉

今日回顾

教育法律法规中关于免试入学、社会义务、教师待遇、学校责任、政府保障、监护人责任等方面的内容。

Day 8 试卷三　教师职业道德及行为

一、单项选择题(本大题共10小题,每小题2分,共20分)

1. 韩愈说:“以一身立教,而为师于百千万年间,其身亡而其教存。”由此可见,教师应做到(　　)

A. 教书育人　B. 为人师表　C. 关爱学生　D. 爱岗敬业

2. 某老师把没有按时完成作业的学生赶到操场上,让他们在冷风中把作业写完,说要让学生明白学习的艰辛。这位老师没有做到(　　)

A. 关爱学生　B. 因材施教　C. 廉洁从教　D. 严谨治学

3. 殷老师特别喜欢学习,不仅上班的时候积极听老教师的课,而且在业余时间自修研究生课程,还潜心研究教学法。她虽然年轻,但是已经连续三年当选教学能手了。这体现了殷老师(　　)

A. 关爱学生　B. 专注自身学习,将来能考研究生

C. 有终身学习的理念　D. 志存高远,乐于奉献

4. 小刘以优异的成绩应聘为某校教师,她一到岗就认真备课、讲课,还运用多媒体技术和网络教学手段进行教学。她的课很受学生欢迎。刘老师的行为(　　)

A. 符合爱岗敬业的要求　B. 符合为人师表的要求

C. 符合爱国守法的要求　D. 符合关爱学生的要求

5. 冯老师进行家访时,总是采取“四多四少”原则:多一点针对性,少一点随意性;多一点肯定,少一点责备;多一点情感交流,少一点情况汇报;多一点指导,少一点推卸责任。冯老师的做法(　　)

A. 不可行,仅报喜不报忧,一味迎合家长　B. 不可行,虽重情感交流,但回避了问题

C. 可行,体现了他注重沟通策略,尊重家长　D. 可行,体现了他严格要求自己,家长至上

6. 班主任薛老师向新入学的学生家长推荐了自己妹妹承办的奥数、书法、音乐、美术四个培训班,并要求至少报其中的两个。该老师的做法(　　)

A. 正确,反映了教学的需要　B. 正确,体现了敬业精神

C. 不正确,违背了教学规律　D. 不正确,违背了教师职业道德规范

7. 小学生小文平时纪律松散,上课经常迟到,还总与同桌讲话。班主任让小文把桌椅搬到教室后面的角落里一个人坐。下列选项中,对该班主任行为评价正确的是(　　)

A. 维护了教师的权威　B. 没有发挥学生的主体性

C. 没有尊重学生的人格　D. 激励了学生的学习积极性

8. 当一位新入职的老师向经验丰富的林老师借教案上课时，林老师拒绝道："我的教案不一定适合你，不过，这个周末我们可以一起来探讨。"这表明林老师(　　)

A. 缺乏良性竞争的能力　　B. 善于保护自己的隐私

C. 注意帮助同事的方法　　D. 缺乏团结协作精神

9. 万老师脾气急躁，有一次打了小夏同学一巴掌，小夏的母亲第二天来学校找万老师，如果你是万老师，你会(　　)

A. 告诉小夏母亲自己打小夏的理由

B. 不理会，因为自己情绪控制不好可能会与她吵起来

C. 在小夏面前告诉其家长小夏如何不好好学习

D. 特别注意控制自己的情绪，向小夏及其母亲道歉

10. 一位教师在教学《两条小溪的对话》时，让学生分角色表演。有一位学生问："老师，我能不用书中的原话吗?"老师和蔼地问："为什么呢?""因为书中原话太长，我背不下来，如果拿着书表演，又不太好。"孩子说出了原因。"你的意见很好，用自己的话来表演吧!"老师高兴地抚摸了一下孩子的头。果然，这个孩子表演得非常出色。该教师做到了(　　)

A. 志存高远，勤恳敬业　　B. 关爱学生健康，保护学生安全

C. 诲人不倦，因材施教　　D. 严于律己，以身作则

二、材料分析题(本大题共14分)

某重点大学的毕业生李帅，在公开招聘中以优异的成绩被聘为某小学数学老师，刚上班时，他虚心向同事请教，认真备课，对工作认真负责，教学成果显著，在期末评定中成绩优越。但随着工作的熟悉，社会交往的增多，便越来越不重视备课和对教学环节的把握，开始变得轻浮、懒散，他认为："教师上课就那么回事，我备好一遍课可以用好多年!"上学期学生评教，李帅排名倒数。校长找其谈话，他还不以为然："我重点大学毕业生，难道还教不了他们?"之后，他把对校长和学生评教结果的不满向学生发泄，对上课不专心听讲或成绩差的学生，就挖苦、讽刺或罚站，甚至赶出教室。

问题：请结合材料，从教师职业道德的角度，评析李老师的教育行为。

今日回顾

1.《中小学教师职业道德规范》的主要内容。

2. 教师的职业行为。

试卷三 教师的历史文化素养

单项选择题(本大题共 15 小题,每小题 2 分,共 30 分)

1.( )是在中国古代继宗法血缘分封制度之后出现的两级地方行政制度,是中央垂直管理下官员由中央直接任免的流官任期制,标志着官僚政治取代血缘政治,是公天下的开始。

A. 郡县制　　B. 分封制

C. 藩国制　　D. 封国制

2. 在汉朝建立之初,“不独一般人民无积蓄可言,连将相有的也得坐牛车,皇帝也无力置备纯一色的驷马”。此后的六七十年间,“国家大部分享着不断的和平,而当权的又大多是黄老的信徒,守着省事息民的政策。经这长期的培养,社会又从复苏而趋于繁荣”。这段时期在历史上被称为( )

A. 文景之治　　B. 贞观之治

C. 开元盛世　　D. 永乐盛世

3.“尽道隋亡为此河,至今千里赖通波。若无水殿龙舟事,共禹论功不较多。”诗中的“河”是指( )

A. 黄河　　B. 隋朝大运河

C. 淮河　　D. 渭河

4. 1949 年,毛泽东在诗中写道:“虎踞龙盘今胜昔,天翻地覆慨而慷。”“天翻地覆”是指中国人民解放军( )

A. 解放南京　　B. 挺进大别山

C. 转战陕北　　D. 解放长江以北地区

5. 美索不达米亚平原孕育了古巴比伦王国,创造了楔形文字,对世界文字发展史有着重大贡献,同时也造就了世界上第一部比较完备的成文法典,为法治社会奠定了基础。这部法典是( )

A.《汉谟拉比法典》　　B.《摩奴法典》

C.《乌尔纳姆法典》　　D.《摩西五经》

6.“1991 年 12 月 25 日 19 时 38 分,克里姆林宫上空印有镰刀和铁锤图案的国旗降下,白蓝

红三色旗升上了旗杆。”这标志着(　　)

A. 苏联解体　　B. 东欧剧变

C. 乌克兰独立　　D. 独联体诞生

7. 中国古代的“三省六部制”把国家大政的决策和执行区分开来。中书省掌命令权,门下省掌驳议权,尚书省掌执行权。尚书省下设吏、户、礼、兵、刑、工六部,其中“户部”的职能是(　　)

A. 掌管财政　　B. 掌管学政

C. 掌管吏政　　D. 掌管军政

8. 语文教师在教授古诗时,列举了一些古诗文名句,其中跟科举有关的是(　　)

A. 朝为田舍郎,暮登天子堂

B. 祖宗虽远,祭祀不可不诚

C. 不孝有三,无后为大

D. 一粥一饭,当思来之不易;半丝半缕,恒念物力维艰

9. 巴黎和会通过对战败国的处置,暂时调整了帝国主义在西方的关系。巴黎和会上签订的《凡尔赛条约》严厉处置了(　　)

A. 英国　　B. 法国

C. 德国　　D. 奥地利

10. 欧洲人说:“他发现了新大陆,把欧洲文明传到美洲,是一个有功之臣。”印第安人说:“他把欧洲强盗带到了美洲,掠夺我们的财富,是一个恶魔。”这里的“他”是(　　)

A. 哥伦布　　B. 麦哲伦

C. 迪亚士　　D. 达·伽马

11. 日本与中国等亚洲其他国家一样,也曾遭到西方资本主义列强的侵略,也曾面临沦为殖民地或半殖民地的民族危机。它摆脱这种命运是通过(　　)

A. 大化改新　　B. 独立战争

C. 南北战争　　D. 明治维新

12. 李鸿章说:“必先富而后能强,尤必富在民生,而国本乃可益固。”据此判断,他(　　)

A. 创办湖北织布局　　B. 开办京师同文馆

C. 创办轮船招商局　　D. 创办福州船政局

13. 德国历史上长期处于城邦分治的封建割据状态,直至1871年才统一。下列人物中,领导

德意志经过三次王朝战争实现统一的是(　　)

A. 拿破仑　　B. 俾斯麦

C. 黑格尔　　D. 希特勒

14. 战国时期有七个强大的诸侯国争雄称霸，史称“战国七雄”。下列选项中，不属于“战国七雄”的是(　　)

A. 齐国　　B. 秦国

C. 越国　　D. 楚国

15. 有学者认为：“战后西欧各国由于经济凋敝而导致了政局极度动荡，有可能引发赤色革命……这对美国是不可想象的，因此它必然要选择复兴欧洲。”由此美国推行(　　)

A. 马歇尔计划　　B. 杜鲁门主义

C. “冷战”政策　　D. “大棒”政策

今日回顾

1. 中国古代史、近代史和现代史。
2. 世界古代史、近代史和现代史。

试卷四　教师的科学文化素养

单项选择题(本大题共 12 小题,每小题 2 分,共 24 分)

1. 在我国古代以笔记体裁形式写成的科学典籍中,有一本最早记载了人工磁化的一种简便方法,即"以磁石磨针锋"造指南针。这本典籍是(　　)

A.《齐民要术》　B.《梦溪笔谈》　C.《天工开物》　D.《徐霞客游记》

2. 下列科学家中提出并阐明了燃烧作用的氧化学说的是(　　)

A. 拉瓦锡　B. 玻意耳

C. 普利斯特利　D. 阿伏伽德罗

3. 人们形容天空往往是"蔚蓝的天空",事实上天空并不是蓝色,飞行员在空中飞行到一定高度以后,会发现越往高处飞天色越暗。这是因为(　　)

A. 随着高度的增加,云彩增多,挡住了太阳光线

B. 随着高度的增加,空气变得稀薄,使阳光透射能力变弱

C. 随着高度的增加,惰性气体层变厚,减弱了阳光的透射能力

D. 随着高度的增加,空气变得稀薄,大气对阳光的色散能力转弱

4. 熬骨头汤时,为提高骨头中钙质的溶解度,可加入少量的(　　)

A. 醋　B. 料酒　C. 盐　D. 酱油

5. 站在湖边俯视平静的湖面,可以看到:船儿在水面上漂浮,鸟儿在水中飞翔,鱼儿在白云中穿梭,青山倒立在水中。其中看到的场景中,由于光的折射而形成的是(　　)

A. 船儿　B. 鸟儿　C. 鱼儿　D. 青山

6. 我国是世界上掌握飞船对接技术的国家之一,为了实现"神州十一号"飞船与"天宫一号"空间站的顺利对接,应使飞船和空间站(　　)

A. 在同一轨道、沿反方向做圆周运动

B. 在同一轨道、沿同方向做圆周运动

C. 飞船在低轨道、空间站在高轨道沿同一方向飞行

D. 飞船在高轨道、空间站在低轨道沿同一方向飞行

7. 中国在航天事业方面的起步较晚,但进步很快。下列选项中,中国首次载人航天获得圆满成功的飞船是(　　)

A."风云一号"　B."嫦娥一号"

C."神舟四号"　D."神舟五号"

8. 继美国的 GPS、俄罗斯的格洛纳斯之后,中国也有了自己的导航卫星,这是世界上第三个

成熟的卫星导航系统。我国的卫星导航系统名称是(　　)

A. 天宫　　B. 北斗　　C. 嫦娥　　D. 神舟

9. 雷电是在雷暴天气条件下发生的伴有闪电和雷鸣的一种雄伟壮观而又令人生畏的放电现象。人们在户外遇到雷雨天气时,要注意防范。下列说法错误的是(　　)

A. 在雷雨天气中,不宜在旷野中打伞,或高举羽毛球拍、高尔夫球棍等

B. 如果在雷电交加时,头、颈、手处有蚂蚁爬走感,头发竖起,说明将发生雷击,应赶紧趴在地上,这样可以降低遭雷击的风险

C. 远离建筑物外露的水管、煤气管等金属物体及电力设备

D. 尽快找棚屋、岗亭、大树等处所避雨

10. 公元751年,唐朝军队在中亚败于阿拉伯军队,被俘往阿拉伯的士兵中有不少技术工匠,这次战役客观上促成了中阿之间一次技术转移。这时中国传入阿拉伯的技术应该是(　　)

A. 造纸术　　B. 活字印刷术　　C. 指南针　　D. 火药与火器

11. "我们生活在一个充满奇迹的时代,大车不需要马拉,新闻通过环绕地球的电线一瞬间传遍世界……"这样的生活最早应出现在(　　)

A. 文艺复兴时期　　B. 第一次科技革命时期

C. 第二次科技革命时期　　D. 第三次科技革命时期

12.《天体运行论》的出版,标志"日心说"正式创立。这是天文学上的一次革命,引起人类宇宙观的重大变革,使西方文明从宗教的束缚中解脱出来。《天体运行论》的作者是(　　)

A. 哥白尼　　B. 牛顿　　C. 伽利略　　D. 开普勒

今日回顾

1. 中国科技发展史上的主要成就。
2. 西方科技发展史上的主要成就。
3. 生活科学常识。

试卷四　教师的传统文化素养

单项选择题(本大题共10小题,每小题2分,共20分)

1. 唐朝诗人崔国辅在其诗作《九月九日》中写道:“江边枫落菊花黄,少长登高一望乡。”这描写的节日是(　　)

A. 中秋节　　B. 重阳节

C. 清明节　　D. 端午节

2. 杜甫诗“大邑烧瓷轻且坚,叩如哀玉锦城传。君家白碗胜霜雪,急送茅斋也可怜”,赞叹的瓷器种类是(　　)

A. 青瓷　　B. 白瓷

C. 青花瓷　　D. 彩瓷

3. 古人根据一日间太阳出没的自然规律、天色的变化以及日常的生产活动、生活习惯而归纳总结出独特的十二时辰计时法。现代社会中的凌晨一点到三点属于(　　)

A. 子时　　B. 丑时

C. 午时　　D. 辰时

4. 端午节的节俗以祈福纳祥、压邪攘灾等形式展开,内容丰富多彩,热闹喜庆。下列民俗均与端午节有关的是(　　)

A. 踏青、剪窗花、燃放灯火、放风筝　　B. 赏月、佩茱萸、猜灯谜、饮菊花酒

C. 插柳、贴春联、赏菊花、放孔明灯　　D. 吃粽子、赛龙舟、饮雄黄酒、插菖蒲

5. 三皇五帝时期,河水泛滥,大禹从鲧治水的失败中吸取教训,改变了“堵”的办法,转而对洪水进行疏导,大禹“三过家门而不入”,耗尽心血与体力终于完成了治水的大业。他治理的河流是(　　)

A. 黄河　　B. 海河

C. 长江　　D. 淮河

6. 中华五千年文化创造出许多脍炙人口的成语典故。下列成语与历史事件对应正确的是(　　)

A. 纸上谈兵—城濮之战　　B. 卧薪尝胆—楚汉争霸

C. 风声鹤唳—淝水之战　　D. 退避三舍—巨鹿之战

7. “刘三姐”是我国民间传说中哪个少数民族的人物(　　)

A. 壮族　　B. 满族

C. 彝族　　D. 苗族

8. 古时汉族儿童不束发,头发下垂,因而“垂髫”一般代指三四岁到七八岁的儿童。下列词语代表的年龄大于“垂髫”的是(　　)

A. 及笄　　B. 孩提

C. 始龀　　D. 襁褓

9. “有志者事竟成,破釜沉舟,百二秦关终属楚;苦心人天不负,卧薪尝胆,三千越甲可吞吴。”此联所涉及的历史事件发生在(　　)

A. 春秋和战国　　B. 秦朝和春秋

C. 战国和三国　　D. 秦初和汉初

10. 下列选项中,按照诗句所代表的二十四节气的先后顺序排列正确的是(　　)

①问东城春色,正谷雨,牡丹期　②露从今夜白,月是故乡明

③微雨众卉新,一雷惊蛰始　　④麦穗初齐稚子娇,桑叶正肥蚕食饱

A. ③①④②　　B. ①④③②　　C. ②③①④　　D. ①②③④

今日回顾

1. 中国古代地理文化常识。

2. 古代纪时法。

3. 节日习俗。

4. 特殊称谓。

5. 历史典故及人物。

Day 12 试卷四　教师的文学素养

单项选择题(本大题共10小题,每小题2分,共20分)

1.乐府诗具有深刻的社会思想意义和极高的艺术成就,并为历代文人所推崇。“乐府双璧”是指《木兰诗》和(　　)

A.《长歌行》　　B.《孔雀东南飞》

C.《秦妇吟》　　D.《陌上桑》

2.因“他的文学作品中的高尚理想和他在描绘各种不同类型人物时所具有的同情和对真理的热爱”而获得诺贝尔文学奖的作家是(　　)

A.石黑一雄　　B.罗曼·罗兰　　C.契诃夫　　D.莫言

3.“字字看来皆是血,十年辛苦不寻常”和“文不甚深,言不甚俗”分别讲的是中国古典文学中的(　　)

A.《儒林外史》和《三国演义》　　B.《红楼梦》和《三国演义》

C.《水浒》和《聊斋志异》　　D.《西游记》和《聊斋志异》

4.雨果在其作品的序言中指出:“只要本世纪的三个问题——贫穷使男子潦倒,饥饿使妇女堕落,黑暗使儿童羸弱——还得不到解决……那么,和本书同一性质的作品都不会是无益的。”这部作品是(　　)

A.《海上劳工》　　B.《巴黎圣母院》

C.《悲惨世界》　　D.《九三年》

5.“乱花渐欲迷人眼,浅草才能没马蹄。最爱湖东行不足,绿杨阴里白沙堤。”该著名诗句的作者以及描写的地方分别是(　　)

A.白居易　洞庭湖　　B.白居易　西湖

C.苏东坡　洞庭湖　　D.苏东坡　西湖

6.“一个人并不是生来要被打败的,你尽可以把他消灭,可就是打不败他。”这句话出自海明威的名著(　　)

A.《太阳照常升起》　　B.《老人与海》

C.《丧钟为谁而鸣》　　D.《永别了,武器》

7.“都云作者痴,谁解其中味”言简意赅,意味深长。它出自中国四大古典文学名著之一,这部著作是(　　)

A.《红楼梦》　　B.《水浒传》

C.《西游记》　　D.《三国演义》

8. 古代世界各民族创造的科技和文化成果为近代文明的起步和发展奠定了基础。再现早期希腊社会图景,对西方文学发展产生了深远影响的文学巨著是(　　)

A.《威尼斯商人》　　B.《圣经》

C.《俄狄浦斯王》　　D.《荷马史诗》

9. 有一部作品和叶圣陶的《稻草人》一同被认为是“新文化运动以来的关于童话的两个时期的杰作”。它是(　　)

A. 张天翼的《大林和小林》　　B. 洪汛涛的《神笔马良》

C. 冰心的《寄小读者》　　D. 秦文君的《男生贾里》

10. 王国维《人间词话》中提到的“三种境界”中的第二层境界是(　　)

A. 衣带渐宽终不悔,为伊消得人憔悴

B. 无可奈何花落去,似曾相识燕归来

C. 众里寻他千百度,蓦然回首,那人却在,灯火阑珊处

D. 昨夜西风凋碧树,独上高楼,望尽天涯路

今日回顾

1. 中外文学史上重要的作家及作品。

2. 儿童文学中重要的作家及作品。

Day 13

试卷四　教师的艺术素养

单项选择题(本大题共 14 小题,每小题 2 分,共 28 分)

1. 中国书法文化历史悠久,在书法上卓有成就的书法名家也是数不胜数。下列选项中,被世人称为“书圣”的是(　　)

A. 钟繇　　B. 王羲之　　C. 王献之　　D. 张僧繇

2. 伯牙以善弹琴而闻名,子期则以善听琴而闻名。在伯牙子期的故事中,伯牙的《高山》和《流水》都属于著名的(　　)

A. 古筝曲　　B. 古琴曲　　C. 琵琶曲　　D. 二胡曲

3. 歌剧《费加罗的婚礼》改编自法国戏剧家博马舍的同名戏剧作品,一经演出,就广受欢迎。这部歌剧的创作者是(　　)

A. 贝多芬　　B. 肖邦　　C. 海顿　　D. 莫扎特

4. “八音”分类法把乐器按照制作材料的不同分为“金、石、丝、竹、匏、土、革、木”八类。下列依据“八音”分类法分类正确的一项是(　　)

A. 琵琶、三弦、古琴、二胡属于丝类　　B. 琵琶、三弦、笛子、埙属于竹类

C. 编钟、三弦、古筝、二胡属于金类　　D. 笛子、三弦、古琴、埙属于土类

5. 摒弃画家常用的工具、材料,常常把画布绷在地板上,用棍棒蘸上油漆,任其在画布上流淌,用“行动绘画”的画家是(　　)

A. 马格里特　　B. 波洛克　　C. 马列维奇　　D. 康定斯基

6. “卢浮宫三宝”是指收藏在巴黎卢浮宫博物馆的三件镇馆之宝,分别是油画《蒙娜丽莎》,雕塑《萨莫色雷斯的胜利女神》和(　　)

A.《拉奥孔》　　B.《三女神》

C.《米洛岛的阿芙洛狄忒》　　D.《马赛曲》

7. 留白是我国古典绘画中常用的艺术手法,指作者在创作中为了更充分地表现主旨而精心留出的“空白”,以营造出“此处无物胜有物”之境。宋元时期以“留白”而出名的画家有马远和(　　)

A. 张择端　　B. 苏轼　　C. 赵佶　　D. 夏圭

8. 京剧脸谱是一种内涵丰富的艺术表现形式,每个脸谱都有一种主色调,以显示剧中人物的特征,如关羽脸谱为红色,曹操是白色,包拯为黑色。“红色”一般用来表示(　　)

A. 奸诈狡猾　　B. 铁面无私

C. 忠勇正义　　D. 凶狠残暴

9. 米隆以“寓动于静”的高超手法表现健美人体雕塑的作品是(　　)

A.《卡拉卡拉像》　　B.《皇后提奥多拉和女官》

C.《三个舞蹈的人》　　D.《掷铁饼者》

10. “衣裳劲简,采色柔丽,菩萨端严,妙创水月之体”,概括了一位画家笔下人物形象的特点,这位画家是(　　)

A. 周昉　　B. 阎立本　　C. 周文矩　　D. 顾闳中

11. 汉代陵墓中,堪称“汉人石刻,气魄深沉雄大”的杰出代表是(　　)

A. 秦始皇陵兵马俑　　B. 西汉明器雕塑

C. 东汉明器雕塑　　D. 霍去病墓石雕

12. 在汉字的形体演变过程中,位于小篆和楷书之间的字体是(　　)

A. 隶书　　B. 草书　　C. 大篆　　D. 金文

13. 创作于东晋时期的书法作品《洛神赋》(十三行)体势秀逸,笔致洒脱,清代文人杨宾评价其“字之秀劲圆润,行世小楷无出其右”。该书法作品的创作者是(　　)

A. 王献之　　B. 王羲之　　C. 王珣　　D. 王导

14. 梅兰芳在其一生的舞台生涯中,精心钻研,勇于创新,形成了独树一帜的“梅派”表演风格,被誉为“伟大的演员,美的化身”,他演唱的“看大王在帐中和衣睡稳”选自下列哪部作品(　　)

A.《霸王别姬》　　B.《贵妃醉酒》

C.《智取威虎山》　　D.《红灯记》

今日回顾

1. 中国著名的书法大家及其作品。

2. 中外绘画艺术。

3. 有关音乐与戏剧的知识。

4. 中外著名建筑。

试卷五　教师的信息处理能力

单项选择题(本大题共 12 小题,每小题 2 分,共 24 分)

1. 在 Word 中,查看方式具有"所见即所得"的效果,页眉、页脚、分栏和图文框都能显示在真实的位置上,可用于检查文档外观的视图是(　　)

A. 普通视图　B. 页面视图　C. 大纲视图　D. Web 版式视图

2. 在 Windows 系统中,若强行关闭一个正在运行的程序,可使用任务管理器来实现。打开任务管理器需按下(　　)

A. Ctrl + Del 键　B. Ctrl + Alt + Shift 键

C. Ctrl + Shift 键　D. Ctrl + Alt + Del 键

3. 在 Word 中,双击"格式刷",可将格式从一个区域一次复制到的区域数目是(　　)

A. 一个　B. 两个　C. 三个　D. 多个

4. 在 Word 表格中,单元格内能填写的信息(　　)

A. 只能是文字　B. 只能是文字或符号

C. 只能是图像　D. 文字、图像、符号均可

5. 凯文·米特尼克是第一个被美国联邦调查局通缉的黑客,有评论称他为世界上"头号电脑黑客",其传奇的黑客经历足以令全世界为之震惊,一位办案人员对他的评价是"电脑与他的灵魂之间似乎有一条脐带相连。这就是为什么只要他在计算机面前,他就会成为巨人。"下列对黑客的描述,正确的是(　　)

A. 精通计算机、网络、编程等技术的人

B. 掌握一定计算机、网络技术,在网上从事一些非法活动、牟取个人利益的人

C. 保护网络安全,帮助用户抵御恶意系统入侵的人

D. 利用自己的技术破坏网络安全,给社会造成恶劣影响的人

6. 在 Word 中,以下哪种操作可以使在下层的图片移至上层(　　)

A. "绘图"菜单中的"旋转与翻转"　B. "绘图"菜单中的"微移"

C. "绘图"菜单中的"组合"　D. "绘图"菜单中的"叠放次序"

7. 下列关于 PowerPoint 的叙述,错误的是(　　)

A. 可以新建空白演示文稿,也可以基于模板创建演示文稿

B. 可以在幻灯片中插入表格

C. 可以将某张图片设置为幻灯片的背景

D. 可以在 PowerPoint 中插入表格,并对其中的数字进行排序

8. 在 Excel 中,下列选项与公式“ = SUM(A1:A4)”等值的是(　　)

A. SUM(A1 + A4)　　B. SUM(A1 * A2 * A3 * A4)

C. SUM(A1/A4)　　D. SUM(A1 + A2 + A3 + A4)

9. 使用 Word 编辑文档中的表格时,下列操作不能实现的是(　　)

A. 在表格中插入列　　B. 在表格中插入行

C. 对表格数据分类汇总　　D. 合并单元格

10. 小王同学以 Word 文档的形式写了一份新学期的学习计划,请指导老师审阅自己所写的学习计划,并提出一些对该计划的看法和建议。那么指导老师最适宜使用的字处理软件功能是(　　)

A. 查找和替换　　B. 批注

C. 自动更正　　D. 拼写和语法检查

11. 在 Excel 中,针对下列各序列的内容,不能直接利用自动填充功能快速输入的是(　　)

A. 正月、2 月、3 月……　　B. Mon、Tue、Thu……

C. 子、丑、寅……　　D. 第一季、第二季、第三季……

12. 在 Excel 中,选定表格中的一列,按“Delete”键,结果是(　　)

A. 被选定的表格列里的内容清空,该表格列仍存在

B. 选定的表格列和内容保持原状

C. 选定的表格列和列里的内容都消失

D. 以上都不正确

今日回顾

1. Word 文字处理软件的相关知识。

2. Excel 电子表格处理数据的相关知识。

3. PowerPoint 演示文稿的相关知识。

试卷五　教师的逻辑思维能力

单项选择题(本大题共 12 小题,每小题 2 分,共 24 分)

1. 下列选项中的概念关系,与“教授”和“科学家”一致的是(　　)

A. “图书”和“英文书”　　B. “昆明”和“春城”

C. “学生”和“运动员”　　D. “足球”和“篮球”

2. 下列表述,与“并非‘只有本地人当经理,才能把企业搞好’”的判断一致的是(　　)

A. 要想把企业搞好,必须由本地人当经理

B. 只要把企业搞好了,谁来当经理都可以

C. 不由本地人当经理,也可以把企业搞好

D. 不由本地人当经理,就不能把企业搞好

3. 找规律填数字是一项很有趣的游戏,特别锻炼观察和思考能力。按照“1 = 4”“2 = 8”“3 = 24”的规律,下列选项中,应填入“4 = (　　)”空缺处的是(　　)

A. 88　　B. 96　　C. 104　　D. 112

4. 下面图形组合的变化呈现出一定的规律性。下列选项中,最适合填在问号处的是(　　)

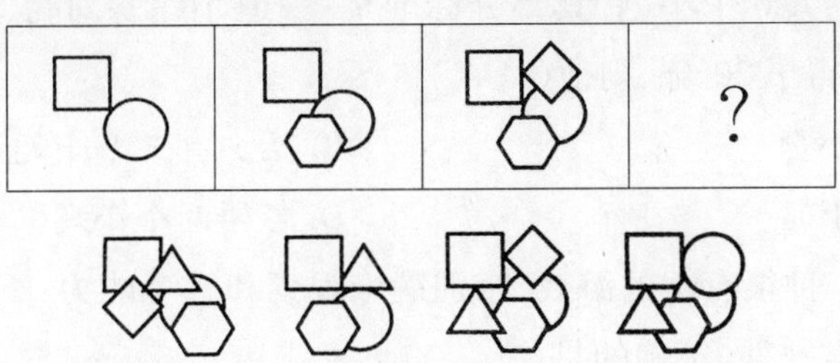

A　　B　　C　　D

5. 下列与“李白和王维是唐朝诗人”判断不同的是(　　)

A. 林黛玉和薛宝钗是《红楼梦》中的人物　　B. 小聪和小娜是老师

C. 苏洵和苏轼是父子　　D. 记叙文和议论文是写作的常用文体

6. 下列选项中,符合所给图形的变化规律的是(　　)

A　　B　　C　　D

7. 甲、乙、丙三人大学毕业后，一个当上了公务员，一个当上了空姐，另一人当上了司机。他们各自做了如下陈述：

甲：甲当上了公务员，乙当上了空姐；

乙：甲当上了空姐，丙当上了公务员；

丙：甲当上了司机，乙当上了公务员。

结果证实，甲、乙、丙的陈述都只对了一半。由此可见（　　）

A. 甲当上了空姐　　B. 乙当上了公务员

C. 丙当上了空姐　　D. 甲当上了司机

8. 找规律填数字是一种很有趣的游戏，特别锻炼观察和思考能力，下列各组数字，填入数列"6、14、22、________、38、46"空缺处，正确的是（　　）

A. 30　　B. 32　　C. 34　　D. 36

9. 下列选项中，与"森林—郁郁葱葱"逻辑相同的是（　　）

A. 法庭—庄严肃穆　　B. 校园—勤奋好学

C. 餐桌—饕餮大餐　　D. 公园—嬉戏玩闹

10. 高粱之于白酒正如（　　）之于（　　）

A. 蚊帐　被子　　B. 黄豆　酱油　　C. 砖头　水泥　　D. 青草　牛奶

11. 有一份选择题试卷共 6 个小题，其得分标准是：一道小题答对得 8 分，答错得 0 分，不答得 2 分，某位同学得了 20 分，则他（　　）

A. 至多答对一个小题　　B. 至少有三个小题没答

C. 至少答对三个小题　　D. 答错两个小题

12. 找规律填数字是一种很有趣的游戏，特别锻炼观察和思考能力，下列各组数字，填入数列"3、4、10、33、□"空缺处，正确的是（　　）

A. 67　　B. 76　　C. 96　　D. 136

今日回顾

1. 复合命题。
2. 类比推理。
3. 图形推理。
4. 数字推理。

Day 16 试卷五 教师的阅读理解及写作能力

一、材料分析题(本大题共 14 分)

材料:

每一棵草都会开花

去乡下,跟母亲一起到地里去,惊奇地发现,一种叫牛耳朵的草,开了细小的黄花。那些小小的花,羞涩地藏在叶间,不细看,还真看不出。我说,怎么草也开花?母亲笑着扫过一眼来,淡淡说:“每一棵草,都会开花的。”愣住,细想,还真是这样。蒲公英开花是众所周知的,开成白白的绒球球,轻轻一吹,满天飞花。狗尾巴草开的花,就像一条狗尾巴,若成片,是再美不过的风景。蒿子开花,是大团大团的……就没见过不开花的草。

曾教过一个学生,很不出众的一个孩子,皮肤黑黑的,还有些耳聋。因不怎么能听见声音,他总是竭力张着他的耳朵,微向前伸头,做出努力倾听的样子。这样的孩子,成绩自然好不了。所有的学科竞赛,譬如物理竞赛、化学竞赛,他都是被忽略的一个。甚至学期大考时,他的分数,也不被记入班级总分。所有人都把他当残疾,可有,可无。

学期要结束的时候,学校组织学生手工竞赛,是要到省里夺奖的,这关系到学校的声誉。平素的劳技课,都被充公上了语文、数学,学生们的手工水平,实在有限,收上去的作品很令人失望。这时,却爆出冷门,有孩子送去手工泥娃娃一组,十个。每个泥娃娃都各具情态,或嬉笑,或遐想。样子活泼、纯真、可爱。最后这个作品报到省里,夺得特等奖,其轰动效应,可想而知。

学校开大会表彰这个做泥娃娃的孩子。热烈的掌声中,走上台的竟然是他——那个耳聋的孩子。或许是第一次站到这样的台上,他神情局促不安,只是低头,羞涩地笑。让他谈获奖体会,他嗫嚅半天,说:“我想,只要我努力,我总会做成一件事的。”刹那间,台下一片寂静,静得连阳光掉落的声音都能听得见。

从此面对学生,我再不敢轻易看轻他们中任何一个。他们就如同乡间的那些草们,每棵草都有每棵草的花期,哪怕是最不起眼的牛耳朵,也会把黄的花,藏在叶间,开得细小而执着。

(摘编自《杂文报》,有改动)

问题:

(1)文章中第四段“嗫嚅”一词该如何理解,请结合文本,简要概括。

(2)文章的标题“每一棵草都会开花”蕴含着怎样的深意?请结合文本,简要分析。

二、写作题(本大题共 2 小题,每小题 50 分,共 100 分)

1. 阅读下面的材料,按要求作文。

某一布鞋品牌的老板,经营模式很简单,每卖出一双鞋子就捐赠一双给贫困地区的孩子,让没有鞋穿的孩子拥有一双自己的鞋,可是生意却不见起色,半年后一家报社报道了"卖一双,捐一双"的故事,立刻引起了轰动。

人们为他的事迹所感动。一天之内他接到 2200 多双鞋子的订单,到目前为止已经卖出了 3800 万双,这意味着非洲、拉丁美洲、亚洲等贫困地区的 3800 多万小脚丫有了鞋子的保护。

综合上述材料所引发的联想和感悟,写一篇论说文。

要求:用规范的现代汉语写作,角度自选,立意自定,标题自拟,不少于 800 字。

2. 阅读下面的材料,按要求作文。

美国演员莱昂纳多凭借电影《荒野猎人》中的格拉斯一角获得奥斯卡金像奖,引发社交媒体上的"狂欢",也让相关图书搭上了一趟顺风车,就如诺贝尔文学奖、茅盾文学奖等奖项所引发的阅读热潮一样,带来了一股"奥斯卡阅读热"。

综合上述材料所引发的思考和感悟,写一篇论说文。

要求:用规范的现代汉语写作,角度自选,立意自定,标题自拟,不少于 800 字。

今日回顾

1. 对阅读材料中重要概念、句子的理解与文意的把握。
2. 信息的整合应用。
3. 材料作文的写作技巧。

第二阶段　题型分类试卷

（本阶段共 3 天）

- 题型分类试卷
  - 试卷六　第17天 单项选择题
  - 试卷七　第18天 材料分析题
  - 试卷八　第19天 写作题

Day 17 试卷六 单项选择题

单项选择题(本大题共 29 小题,每小题 2 分,共 58 分)

1. 关于下图所反映的情形,正确的说法是(　　)

A. 忽视了学生的智力发展　　B. 忽视了学生的全面发展

C. 忽视了学生的主动发展　　D. 忽视了学生的个性发展

2. 多年来,曾老师坚持让学生采用反思记录表、学习日志或成长记录袋等多种方法来记录学习过程,并不断指导学生优化记录的方法。曾老师的做法(　　)

A. 忽视了学生的发展性　　B. 忽视了学生的差异性

C. 尊重了学生的创造性　　D. 尊重了学生的自主性

3. 某校六年级八班的班主任王老师常对他的学生说:“先学做人,后学做事。社会需要的是身心健康、和谐发展的建设者和接班人,而不是只会死读书的‘呆子’。”这表明王老师具有(　　)

A. 自主发展的意识　　B. 开拓创新的理念

C. 素质教育的理念　　D. 因材施教的意识

4. 一个成绩较差的学生某次考试得了 97 分,却被教师和家长说成是“瞎猫碰到了死耗子”。老师的做法忽视了(　　)

A. 学生是完整的人　　B. 学生是处于发展过程中的人

C. 每个学生都有自身的独特性　　D. 学生是独立于教师头脑之外的人

5. 林某因不履行监护职责,被当地人民法院依法撤销了其对女儿佳佳的监护权。根据《中华人民共和国未成年人保护法》,下列说法正确的是(　　)

A. 林某应继续负担抚养费

B. 林某可不再承担抚养费

C. 法院可委托他人代为监护

D. 林某可指定他人代为监护

6. 某足球学校是专门招收适龄儿童、少年进行足球训练的学校,依据《中华人民共和国义务教育法》,对该学校自行对适龄儿童、少年实施义务教育具有审批权的主体是(　)

A. 市级人民政府　　B. 市级人民政府教育行政部门

C. 县级人民政府　　D. 县级人民政府教育行政部门

7. 小学生冯某经常夜不归宿,其父母放任不管。依据《中华人民共和国预防未成年人犯罪法》的规定,应由公安机关对冯某父母(　　)

A. 予以拘留　　B. 予以罚款

C. 予以训诫　　D. 予以劝诫

8. 小学生武某上课时,起立回答问题,后排的同学陈某故意用脚将武某的椅子移开,老师看到后未理会,结果武某重重地坐到了地上。武某当时身体没有任何异样,老师也只批评了陈某几句,就继续上课。可是三天后,武某感到腿脚发麻,后来发展为没办法正常坐着上课。父母将她送往医院进行诊断,经检查为尾椎挫伤,导致下半身麻痹,需要长期治疗。对这起事故,(　　)应该担负责任。

A. 陈某　　B. 老师

C. 陈某和老师　　D. 陈某的监护人和学校

9. 某学校教学楼在施工过程中,没有把正在拆除的教学楼防护起来,结果导致数名学生被施工的水泥砸伤,其中三人重伤,造成终身残疾。根据《中华人民共和国教育法》规定,对直接负责的主管人员和其他直接责任人员,依法追究(　　)

A. 民事责任　　B. 刑事责任

C. 一般责任　　D. 行政责任

10. 琳琳是一个 7 岁的中国籍女孩儿,目前与在外工作的父母一起在马来西亚居住。下列说法正确的是(　　)

A. 只要是中国国籍的公民,就享有我国义务教育规定的权利及义务

B. 琳琳是外国人,想接受我国教育就可以接受教育,不想接受也可以

C. 琳琳可优先在我国升学

D. 琳琳不可以在我国获得奖学金

11. 张老师是一名优秀的语文老师,由于英语能力出色,经常参加有关英语学术的交流活动,但学校领导认为她不务正业,给予她严重警告。该校的做法(　　)

A. 不正确,学校侵犯了教师的学术研究权

B. 不正确,学校无权干涉教师的人身自由

C. 正确,学校有权对教师提出工作要求

D. 正确，学校应该规范教师的行为

12. 某教育局为了将某所小学打造成示范学校，便将全县所有的优秀教师调配给该校，该教育局的做法（ ）

A. 不正确，违反了《中华人民共和国义务教育法》

B. 不正确，违反了《中华人民共和国教育法》

C. 正确，有利于提高该校教育教学质量

D. 正确，有利于扩大教育教学的影响

13. 上课时，程老师发现后排的一名学生在偷偷吃零食，刚开始程老师没有理会，但这名学生吃了很长时间也没停下。程老师忍无可忍，便快速走到这名学生跟前，抢过零食扔出窗外。程老师的做法（ ）

A. 恰当，体现教师的严格要求

B. 恰当，符合学校的管理规定

C. 不恰当，不应简单粗暴处理问题

D. 不恰当，不应干预学生个人行为

14. "问渠那得清如许，为有源头活水来。"这句话让我们明白：要给学生一碗水，教师必须要有一桶水，并且这水不是死水，是常流常新的活水。这说明教师应该做到（ ）

A. 爱国守法　　B. 终身学习

C. 爱岗敬业　　D. 关爱学生

15. 以前说"考考考，老师的法宝"，现在"请请请"也成了某些老师的法宝，不管学生犯了哪方面的错误，只要有一丁点问题就要请家长。对于"请请请"现象，以下观点正确的是（ ）

A. 把学生所引起的不良情绪统统向其家长发泄

B. 如果对学生教育后，他能知错就改，就可以不请家长

C. 如果学生犯小错，即使错误不断也没必要叫家长

D. 对于表现恶劣的学生，要经常"请请请"予以震慑

16. 体育课上，苏老师发现张刚坐在操场边发呆，便询问情况，张刚说："我最好的朋友走了，我很难过！"苏老师从此注意观察张刚，跟他聊天。有一天，张刚哭着告诉苏老师："我最好的朋友就是我爸爸，他出车祸去世了！"于是，苏老师经常开导他，帮助他从悲伤中走了出来。对于苏老师的行为，下列说法正确的是（ ）

A. 偏爱张刚，未能关注其他同学　　B. 专心教学，不必承担其他责任

C. 细心观察，适时捕捉教育契机　　D. 侵犯隐私，干扰学生私人生活

17.《世界记忆遗产名录》是经联合国教科文组织世界记忆工程国际咨询委员会确认的文献遗产项目。下列选项中,关于《世界记忆遗产名录》的表述正确的是(　　)

A. 收录具有世界意义的文献遗产　　B. 包含文物、建筑群、遗址三类

C. 首批世界记忆遗产包含中国昆曲　　D. 由联合国大会评估、审查、公布

18.“昔年八月十五夜,曲江池畔杏园边。今年八月十五夜,湓浦沙头水馆前。西北望乡何处是,东南见月几回圆。昨风一吹无人会,今夜清光似往年。”这首古诗描述了我国一个传统节日的景象,这个节日是(　　)

A. 春节　　B. 元宵节

C. 重阳节　　D. 中秋节

19.“冬九九”又称“数九”,是我国冬季一种民间节气,生动形象地记录了冬天的气候变化情况,同时也表现了农事活动的一些规律。“冬九九”始于(　　)

A. 立冬　　B. 冬至　　C. 小寒　　D. 大寒

20.“江山如此多娇,引无数英雄竞折腰。惜秦皇汉武,略输文采;唐宗宋祖,稍逊风骚。”毛泽东在《沁园春·雪》这首词中的“汉武”指皇帝的(　　)

A. 谥号　　B. 年号　　C. 庙号　　D. 尊号

21.“欲胜人者必先自胜,欲论人者必先自论,欲知人者必先自知”出自《吕氏春秋》,下列有关《吕氏春秋》的说法正确的是(　　)

A. 是秦朝治国的指导思想

B. 是战国末期儒家的代表作

C. 此书成书于秦始皇统一中国之后

D. 是中国历史上第一部有组织、按计划编写的文集

22. 诗句中的历史人物出现的顺序是(　　)

①千载琵琶作胡语,分明怨恨曲中论　②江东子弟多才俊,卷土重来未可知

③三分割据纡筹策,万古云霄一羽毛　④一骑红尘妃子笑,无人知是荔枝来

A. ②①③④　　B. ①③④②　　C. ②③①④　　D. ①④③②

23. 关于外国文学常识,下列选项中说法错误的是(　　)

A. 莎士比亚,英国伟大的戏剧家,他写了三十多个剧,其中的《哈姆雷特》《李尔王》《奥赛罗》《罗密欧与朱丽叶》为“四大悲剧”

B. 歌德是德国伟大的诗人、小说家和戏剧家,其代表作有书信体小说《少年维特之烦恼》

C. 雨果是法国积极浪漫主义文学的奠基人和杰出代表,其最著名的小说有《巴黎圣母院》和《悲惨世界》

D. 安徒生是丹麦著名童话作家,《皇帝的新装》《卖火柴的小女孩》等都是脍炙人口的名篇

24. 霍去病是抗击匈奴的英雄,其去世后汉武帝为表达对他的怀念,表彰他的卓越功勋,为其建造陵墓,下面哪几组为霍去病墓前雕刻(　　)

①伏虎、立马②马踏飞燕、卧象③跃马、野猪④说唱俑、伏虎

A. ①③　　B. ①④　　C. ②③　　D. ②④

25.《音乐之声》是根据同名音乐剧改编,讲述了能歌善舞的家庭女教师与退役军官及其儿女之间的故事。这部音乐片讲述的故事取材于(　　)

A. 英国　　B. 奥地利　　C. 美国　　D. 俄国

26. 在 Word 中进行 3 次复制操作和 4 次剪切操作后,在剪贴板将保存(　　)

A. 这 7 次操作的内容　　B. 只有剪切的内容

C. 最后一次剪切的内容　　D. 最后一次复制和最后一次剪切的内容

27. 在 Excel 工作表中,日期型数据"2001 年 12 月 21 日"的正确输入形式是(　　)

A. 21 - 12 - 2001　　B. 21. 12. 2001

C. 21,12,2001　　D. 21: 12: 2001

28. 下列选项中,与"春夏秋冬—四季"逻辑关系相同的是(　　)

A. 喜怒哀乐—情绪　　B. 赤橙黄绿—颜色

C. 早上—中午　　D. 东南西北—四方

29. 找规律填数字是一种很有趣的游戏,特别锻炼观察和思考能力,下列各组数字,填入数列"1、6、36、216、________"空缺处,正确的是(　　)

A. 1296　　B. 1297　　C. 1299　　D. 1230

Day 18 试卷七　材料分析题

材料分析题(本大题共10小题,每小题14分,共140分)

1. 材料:

课堂上,学生对新老师颇感好奇,课堂氛围异常安静。教师板书学习的题目《动物怎样吃食物》。第一项内容即分析哺乳动物怎样吃东西。教师提问:"什么是哺乳动物呢?"学生迫不及待地回答:"胎生,吃母乳长大。"(一个十分恰当的回答)教师满意地笑了,正欲讲:"那它们长大了吃什么?"不料学生小手依然林立。教师不明白了:"我还没提问,你们为什么举手?""老师,我们有问题!"教师微微皱眉,只得让一名学生起立提问,"请问人是哺乳动物吗?"教师肯定了他的意见,可举手的同学有增无减。无奈教师只得再叫一名学生。"听说鸭嘴兽也是哺乳动物,它也是吃奶长大的吗?"教师的脸开始泛白:"这节课不讨论这个。""可我们想知道!"学生不屈不挠地问。教师原先安排的程序被学生的提问打乱。显然,教师是生气了:"人坐在座位上是不会随便乱问的,只有小动物才会这样,现在我看谁变成小动物了。"课堂一下子安静了下来……同学们听课的热情远远没有之前高涨了。

问题:请结合材料,从教育观的角度,评析材料中教师的教育行为。

2. 材料:

在一次关于实施素质教育的讨论会上,老师们积极发言,王老师说:"素质教育就是多开展文体活动,多上文体课。"李老师说:"素质教育就是不要考试,特别是不要百分制考试。"

问题:请结合材料,从教育观的角度,评析材料中教师们的发言。

3. 材料:

崔老师真是一个“懒”老师!

就说作文课吧,很多老师都有不成文的程序。首先,来个开场白,接着念几篇范文,发一通评论,再布置一篇作文,附带一堆提示……崔老师却不这样,他经常找一些文章,说阅读对于写作很重要,要大家自主阅读,然后叫大家交流阅读感想。同学们往往争得面红耳赤,忙得不亦乐乎,他却显得逍遥自在。在此基础上,学生顺利地完成作文。崔老师真懒!

崔老师建议同学们自主评选“班级之星”,并走“星光大道”。班上42个同学,同学们都说自己能评“星”,纷纷上台展现自己的风采。最后居然评出了各种各样50颗“星”,他也没有反对。

崔老师负责学校宣传栏。起初,他叫几个能写会画的同学帮忙,后来竟把组稿、绘画、编排等工作全交给同学们。最要命的是,他自己不做,居然还要求大家每次必须有新意、有亮点,大家绞尽脑汁,他最多只在关键时点拨一下。有时大家忙活了半天,他只说一句,“哎,还是没有新意。”同学们又得想办法。时间长了同学们发现自己很有进步。

问题:请结合材料,从学生观的角度,评析崔老师的教育行为。

4. 材料:

陆老师上地理课时发现课代表孙凯心不在焉,特别不耐烦。于是他下课之后和孙凯进行了交流,他发现孙凯已经掌握了课堂上的内容。陆老师产生了一个大胆的设想:能否让他不随堂上课,节约出的时间,自己去查资料、研究问题、学习更多的知识?对于陆老师的设想,学校表示非常支持,对孙凯实行了单科免修。

从此,每当地理课时,图书馆里多了一位小读者。陆老师的工作非但没有减轻,反而加重了:给孙凯提供相关的课题,指导他查阅相关资料,解答他提出的问题,教他撰写小论文。一个学期下来,孙凯的小论文《植被保护与资源开发》一文获得全国小学生论文评比优胜奖。

问题:请结合材料,从学生观的角度,评析陆老师的教育行为。

5. 下面是学生的一则日记：

王老师是我们的班主任，也是一位广受同学们欢迎的好老师。

王老师整天笑眯眯的，十分和蔼可亲。她经常主动跟我们打招呼，有时还聊上几句，使同学们感到她一点架子也没有，大家都喜欢接近王老师。

王老师是数学老师，负责教我们班的数学课程。她对待教学工作是十分认真的。上课前，王老师会用很多时间备课。上课时，她会很详细地讲解各种难懂的数学公式定理，并反复举例加以说明、论证，直到每个同学都明白为止，很有耐心。有时她还邀请个别同学上讲台“讲课”呢，这种教学方法引起了同学们极大的兴趣，掀起了新的学习热潮。下课后，王老师会仔细批改大家的作业，总结每个同学的优缺点，并鼓励大家发扬长处，改正缺点。对个别成绩差的同学，王老师还会主动利用业余时间帮他们补课呢！

王老师不但在教学上尽职尽责，在日常的校园生活中，也十分关心我们。炎炎夏日，她经常提醒我们注意饮食卫生；寒风刺骨的冬天，她又叫大家多穿衣服，不要着凉感冒。

问题：请结合材料，从教师观的角度，评析王老师的教育行为。

6. 材料：

在愚人节那天，正当老师很投入地讲解教学内容时，突然注意到几个学生竟然在传纸条，就下去把纸条收了。当时，老师拿着纸条，心里非常生气，冲动之下，想狠狠地批评他们。但多年的经验告诉老师不能冲动，细一思量，便微笑着说：“今天是愚人节，同学们也想给老师一份特别的礼物吧！谢谢了。但课时比较紧，你们也不要因此分心，让我们继续先上好课，课后有时间我们再讨论。”

问题：请结合材料，从教师观的角度，评析材料中教师的教学行为。

7. 材料：

有个成绩不太好的学生，上课时特别爱举手回答问题，甚至有时老师问题还没说完，他便把手高高举了起来，让他起来回答时，他又不会。老师课下和这位同学聊天，问他原因，该生说："班上的同学总笑我成绩不好，说我傻，我不服气，所以老师提问时我总是举手，是想向大家证明我不笨。"老师了解了原委后，并没有批评这个学生，而是和他定下了君子协议："以后老师提问时，如果真会回答，你举左手；如果不会，就举右手。"在以后的课上，老师抓住该生举左手的机会，让他回答，并好好地表扬了他。从那以后，这个学生在学习上很有起色，不久就跨入了先进生的行列。

问题：请结合材料，从教师职业道德的角度，评析这位老师的做法。

8. 材料：

学生每天中午都吃学校的盒饭，一天，班主任田老师发现垃圾桶附近饭盒扔得到处都是，就请在场的同学清理。可在场的同学却说："这事一直都是小东在做，我们不管！"

小东是刚从别的学校转来的，家境很贫寒，人也很老实，平时不太合群，总是被其他同学欺负，自己又不敢说。老师了解到这一情况后，一方面带头清理垃圾，带领其他同学共同解决班级的环境问题；另一方面，更加关心和爱护小东，帮助小东更好地融入班集体，和大家做朋友……过了一段时间后，小东和同学们打成一片，大家的劳动积极性也提高了。

问题：请结合材料，从教师职业道德的角度，评析田老师的教育行为。

9. 材料：

哲学的根本特征在于它是思想的一种“元”思想。“元”的意思是在人类各种思想观念后面所进行的“更进一步”的反思性思想或者奠基性的思想。

哲学到底有什么用处？别的思想方法有什么用，我们都很清楚：科学方法能够发现自然规律，逻辑方法能保证正确的分析和推理，艺术方法可用于创造作品，可是哲学的方法能用来做什么呢？如果说，哲学只是让人见见思想的世面，让人的思想变得大气而不小气，这当然很好，但恐怕不够。哲学还必须证明它的必要性。既然有了其他思想方法，我们为什么还一定需要哲学方法？如果我们真的需要哲学，它就必须有某种不可代替的用处。说得再明确一些，哲学所要做的那种“更进一步”的研究真的很有必要吗？这种疑惑并不是一点道理都没有，因为即使没有哲学，人们也照样生活和思考，照样劳动生产，照样生儿育女，照样发动战争，照样追求利益和荣誉，江山照样如此多娇，浪花照样淘尽英雄。但奇怪的是，不管人们是否愿意思考哲学问题，人类思想总是自然而然地产生出哲学问题。看来，当思想深入到一定的层次，哲学就成为必需的。没有哲学的思想是不健全的思想。

然而，我们又怎么能够知道哪些指导性的思想是可靠可信的呢？那些指导性的思想会不会实际上把事情搞错了？无论如何，任何一种指导性的思想，它本身都有可能是错误的，所以，我们不能盲目地相信某一种思想观念，不能因为许多人相信某种看法就随波逐流，也不能因为某种观点好像振振有词就相信它，更不能因为某种说法看上去很美就相信它。

随便哪一种看法，不管它把世界和生活看成什么样，这种看法并不能证明它自身是真的。要把一种规定硬说成是合理的，我们只能根据“更进一步”的规定来充当道理。同样，一种看法，或者一种思想，也不能证明它本身是正确的，这相当于，我说“我是正确的”并不算已经证明自己是正确的。因此，我们必须对思想观念进行“更进一步”的研究，通过这些研究来判断这些思想观念有什么意义和价值，好知道该不该相信这些思想观念。

好哲学虽然怀着“平常心”，却有着“异常思”。哲学所思考的虽然是一些很平常很普通的问题，但是，思考角度和方式超凡脱俗、异乎寻常，这正是哲学思想方法的价值所在。哲学的方法使我们能够获得超出知识范围的智慧，而正是那些充满智慧的理解方式始终在不知不觉地改变着、塑造着人类的整个思想风格和结构。可以做一个比较：科学不断增加人类的知识、扩大人类的视野，哲学则不断增强人类的思想能力、更新着人类的眼光。那么，哲学的“异常思”到底异常在哪里？这很难概括，不过哲学往往从某种与普通思想方式不同的思想方式去重新思考问题，它能够开拓更多的思想可能性。

（摘编自赵汀阳《思想的功夫》）

问题：

(1)文章认为哲学的特征是什么？请简要概括。(4分)

(2)哲学有哪些用处？请结合文本，简要分析。(10分)

10. 材料：

上世纪20年代，以万氏兄弟为代表的早期动画艺术家创作了中国早期的动画片。此后的80多年，中国动画逐渐成熟，形成了自己独特的艺术风格，在中国，动画有一个特殊称谓——“美术片”，它准确反映了中国动画特殊的创作观念，就是用中国传统美术如绘画、民间工艺等的造型观念、空间概念、绘画技法创作的动画影片。中国“美术片”造型主要取材和借鉴中国古代壁画、民间年画、庙宇泥塑、舞台戏曲等的形象和服装、道具设计，角色造型或富丽堂皇，追求形式感很强的“装饰风格”，或简约洗练，追求轻松随意的“写意风格”，因为运用了中国绘画中散点透视、高远法则、分层、留白等技法和原理，中国传统动画的场景设计不是真实立体空间的再现，而是创造出一个完全不同于真实物理空间的、适合平面形象活动的平面空间，角色造型是平面的，场景也是平面的。动作(表演)自然也不能同真实生活一样了。中国动画家从传统戏曲表演中获得启示，动画角色也要“表现”，不要“再现”，这样既有动画特点，又与画面的平面风格一致。《骄傲的将军》首次把京剧中“净”“丑”的表演动作运用到动画角色上，《大闹天宫》《哪吒闹海》《三个和尚》中的许多动作也借鉴了京剧表演。由此，中国动画动作设计也逐渐形成了自己的风格，一是舞蹈化的表演动作，不追求真实生活动作；二是适合在平面空间上展现。

中国美术片对中国传统绘画和民间艺术的吸收和借鉴不仅表现为形式，还包含对其美学观念和哲学理念的继承，特别是视觉重构、意境营造等观念的继承。中国传统绘画和文学追求“意境”的传达，在叙事之外给人更多情感宣泄和想象的空间。中国传统绘画和脱胎于此的中国传统动画，把真实三维空间重构为二维平面“空间”，则是哲学意义上的突破。独特的“意境”也使中国动画具有鲜明的中国风格。

认为“中国风格”过时了的人，其实并不真正了解“中国风格”，也不知道国外动画无一例外一直在追求、宣扬他们自己国家和民族的文化——从艺术形式到精神内涵。戴铁郎以及万氏兄弟、特伟、阿达等老一辈动画艺术家不仅创造了“中国风格”的经典动画，创造了中国动画的辉煌，他们也是在通过这些“中国风格”的动画传承、弘扬、发展中国的文化。

当然，风格也具有时代性。我们说中国动画要坚持“中国风格”，绝不是为了怀旧甚至“复古”，也绝不是说我们的动画必须或只能是传统题材、传统形式和传统表现手法。动画创作中突出“中国风格”，不仅需要传承坚守，更需要创新发展。没有动画艺术的突破，就不会有动漫产业的真正发展。中国动画史上有过两次大的发展时期。今天，认真学习、研究前辈动画家的艺术理念与精神追求，就是为了抓住机遇，打造既有传统“中国风格”、又符合时代需求的新的“中国学派”，创造新的动画精品，以迎接中国动漫产业发展高峰的到来。

（摘编自曹小卉《中国风格过时了吗》）

问题：

(1)在中国，“动画”为何又被称为“美术片”？请结合文本，简要概括。(4分)

(2)文章为什么说中国动画的“中国风格”没有过时？请结合文本，简要分析。(10分)

试卷八　写作题

写作题(本大题共2小题,每小题50分,共100分)

1. 阅读下面的材料,按要求作文。

管仲随齐桓公打孤竹,春天出征,凯旋时已是冬天,迷了路。管仲说:"老马的智慧是可以利用的。"于是放开老马,人跟随着它们,终于找到了回去的路。

北京大学一位老教授,在海淀区住了将近半个世纪,自认为蒙着眼睛也能找回家,可谓地道的"老马"。然而,有一次他走了一条新路,一走出去,是一条大马路,车如流水马如龙,竟一时找不到归路,幸而看见马路上驶过的332公交车,才得以安全回到家。

综合上述材料所引发的思考和感悟,写一篇论说文。

要求:用规范的现代汉语写作;角度自选,立意自定,标题自拟;不少于800字。

2. 阅读下面的材料,按要求作文。

近日,南京地铁运营公司发布检修数据,发现95%的自动扶梯右侧梯级链磨损严重,这再次引发公众对于自动扶梯"右立左行"规则的反思。

有人认为:安全重于效率,为了安全应该改变"右立左行"的规则。

有人认为:在效率至上的年代,高效就是一切。磨损严重就要加强检修,别把问题甩给大众。

有人认为:没有哪一法律允许在高速路拥挤时,废除应急车道来提高效率,规则的存在是有道理的。

综合上述材料所引发的联想和感悟,写一篇论说文。

要求:用规范的现代汉语写作;角度自选,立意自定,标题自拟;不少于800字。

第三阶段　模拟试卷

（本阶段共2天）

- 模拟试卷
  - 试卷九　第20天　模拟试卷（一）
  - 试卷十　第21天　模拟试卷（二）

试卷九　模拟试卷(一)

(时间 120 分钟　满分 150 分)

题 号	一	二	三	总 分	核分人
题 分	58	42	50	150	
得 分					

得 分	评卷人

一、单项选择题(本大题共 29 小题,每小题 2 分,共 58 分)

1. 夏老师工作很努力,教学能力强,业余时间经常自学教育教学理论和专业知识,他对教学能力差的同事不屑一顾,致使一些老师不愿意搭理他。夏老师应该(　　)

A. 置之不理,继续提高自己的教学水平　　B. 反思自己,想办法改善与同事的关系

C. 团结同事,降低自身专业发展的要求　　D. 减少往来,避免与同事发生正面冲突

2. 临近期末考试,三年级(5)班的班主任赵老师,为了让学生多一点时间学习,与体育老师课下商量后,将体育课换成了自习课,赵老师的做法(　　)

A. 正确,有利于提高学生的期末成绩　　B. 正确,有利于老师组织学生有效复习

C. 错误,不利于学生德智体全面发展　　D. 错误,不利于体育特长生的发展

3. 冰心说:“世界上没有一朵鲜花不美丽,没有一个孩子不可爱。因为每一个孩子都有一个丰富美好的内心世界。”这句话体现了(　　)

A. 学生的身心发展是有规律的　　B. 学生具有巨大的发展潜能

C. 学生有自己的权利和义务　　D. 每个学生都独立于教师的头脑之外

4. 小薇在课堂上总是默默无言,陈老师给她写道:“在老师的眼里,你是一个聪明文静的孩子。每一次作业,你总是那么认真;每一节课上,你是那么专心。什么时候,能让老师听到你甜美的声音呢?”关于陈老师的做法,下列描述不正确的是(　　)

A. 陈老师树立了以人为本的评价理念　　B. 陈老师的评语有利于促进学生的发展

C. 陈老师关注到了学生的优点和闪光点　　D. 陈老师采用了定量和定性相结合的评价

5. 某网吧允许未成年人进入。根据《中华人民共和国未成年人保护法》的规定,主管部门可以对该网吧采取的措施是(　　)

A. 予以关闭,吊销已发营业执照　　B. 责令改正,依法给予行政处罚

C. 予以查封,依法没收违法所得　　D. 责令停业,依法追究民事责任

6. 雯雯还未完成义务教育就辍学回家了,班主任王老师多次上门家访,雯雯的父母总是以读了书也找不到工作为由,拒绝让雯雯回学校上学。根据《中华人民共和国义务教育法》的规定,对于雯雯的父母,当地居民委员会可以采取的措施是(　　)

A. 给予批评教育,督促限期改正

B. 给予行政处分,责令赔礼道歉

C. 做好协助工作,督促家长送雯雯接受义务教育

D. 采取强制措施,责令家长送雯雯接受义务教育

7. 某小学规定,教师因休产假不能工作的,其工资由学校扣除用作其他代课教师的代课费用。该学校的做法(　　)

A. 不合法,侵犯了教师享受国家规定的福利待遇的权利

B. 不合法,代课教师的工资应由学校自筹经费予以保障

C. 合法,学校享有对教师实施奖励或处分的权利

D. 合法,学校享有按照章程进行自主管理的权利

8. 某学校校长以修缮校舍,为学生提供更好的学习环境为由,为每个教室安装了空调,并向学生收取每月 50 元的空调使用费。对此,下列表述正确的是(　　)

A. 合理,为学生提供了良好环境

B. 合理,为学校节省了开支

C. 不合理,空调使用费收取过多,应根据物价正规收取

D. 不合理,学校不得违反国家规定向受教育者收取费用

9. 教育局局长等相关人员准备到某校进行视察,该校领导让各个年级考试成绩排名最后 10 名的学生停课,参加迎接教育局局长等相关视察人员的欢迎仪式。该校领导的做法(　　)

A. 合法,学校领导有管理学生的权利　　B. 不合法,侵犯了学生的受教育权

C. 合法,差生可以参加与学习无关的活动　　D. 不合法,侵犯了学生的人身权

10. 邻居张阿姨发现小明浑身是伤,询问过后才知是醉酒的父亲将其打完后撵出家门,张阿姨气不过,敲门劝阻,而小明父亲以家事不需外人过问为由将其痛骂一顿。以下说法正确的是(　　)

A. 保护未成年人是监护人的职责,其他人无权过问

B. 小明提出诉讼,父亲应负刑事责任

C. 父亲没有做到教育与保护相结合

D. 针对侵犯未成年合法权益的行为,张阿姨有权劝阻

11. 学生张某多次偷盗,学校准备申请送其到工读学校进行矫治。有权对这一申请进行审批的机构是(　　)

A. 公安机关　　B. 检察机关

C. 教育行政部门　　D. 民政部门

12. 学生小张在假期擅自翻越学校围墙导致右腿摔伤,对于小张的这次事故,下列选项中表述正确的是(　　)

A. 学校存在过错,应当承担赔偿责任　　B. 学校没有过错,但要承担赔偿责任

C. 学校没有过错,无须承担赔偿责任　　D. 学校存在过错,但可免除赔偿责任

13. 班主任孙老师经常对学生说:"知识改变命运,分数才是硬道理。"他自己出钱建立了"班主任基金",用于奖励每学期期末考试前三名的学生,孙老师的做法(　　)

A. 不正确,考试成绩不是评价学生的唯一指标

B. 不正确,考试成绩不能衡量学生的综合素质

C. 正确,物质奖励具有良好的激励作用

D. 正确,考试成绩是衡量学生的重要依据

14. 某位刚参加工作的年轻女教师比较时尚,喜欢穿吊带衫,佩戴夸张的耳环、项链等饰物,还染指甲和头发。该校校长找她沟通,提醒她违反了(　　)的职业道德规范,并希望她今后在学校要衣着得体。

A. 爱岗敬业　　B. 关爱学生　　C. 教书育人　　D. 为人师表

15. "穷嗖、抠嗖的、死德性,要你们这帮废物""你们咋那么没人性呢?"……以上这些话,来自黑龙江哈尔滨依兰县的一位教师,只因教师节当天未收到礼物,依兰县小学某班班主任,训了自己班学生整整一堂课。这位老师违背了(　　)的职业道德规范。

A. 团结协作　　B. 爱岗敬业　　C. 廉洁从教　　D. 严谨治学

16. 著名科学家钱学森说:"现代科学技术研究不能靠一个人的劳动……95%的科学技术都靠集体。……单干是没有生命力的。"这表明教师在工作当中,应当(　　)

A. 建立专业发展的意识　　B. 建立团结协作的工作氛围

C. 尊重其他老师的人格　　D. 鼓励同事自我提升

17. 一位英国科技史家花费将近50年心血编著了多卷本《中国科学技术史》,全面、系统地论述了中国古代科学技术的辉煌成就及其对世界文明的伟大贡献。这位科技史家是(　　)

A. 莫塞莱　　B. 布拉格　　C. 达尔文　　D. 李约瑟

18. 杜甫《饮中八仙歌》诗句"脱帽露顶王公前,挥毫落纸如云烟"所描写的书法家是(　　)

A. 张旭　　B. 怀素　　C. 颜真卿　　D. 柳公权

19.“梁山伯与祝英台”是我国著名的民间传说，多种地方剧种都表现过相关的题材。何占豪、陈钢的小提琴协奏曲《梁祝》的创作，所依据的地方剧种是(　　)

A. 粤剧　　B. 豫剧　　C. 川剧　　D. 越剧

20. 1974 年，考古学家发掘出一艘南宋时期的“福船”，发掘地点为“海上丝绸之路”的起点、当时世界上著名的大港口。这一发掘地所在的城市是(　　)

A. 广州　　B. 福州　　C. 泉州　　D. 汕头

21. 圆明园是中国清代的皇家园林，它不仅是中华千古名园，还是人类的艺术瑰宝。被誉为“万园之园”的圆明园被焚毁于(　　)

A. 鸦片战争期间　　B. 第二次鸦片战争期间

C. 甲午中日战争期间　　D. 八国联军侵华战争期间

22.“开辟荆榛，千秋功业；驱逐荷虏，一代英雄。”诗中的“一代英雄”是指 1662 年从荷兰殖民者手中收复台湾的(　　)

A. 郑成功　　B. 施琅　　C. 康熙帝　　D. 林则徐

23. 张仲景是东汉名医，被后世尊称为“医圣”，他的著作中记载有“人工呼吸法”，奠定了中医治疗学基础的是(　　)

A.《景岳全书》　　B.《脉经》　　C.《伤寒杂病论》　　D.《神农本草经》

24. 欧洲文学长廊中有四个以吝啬而著称的经典人物形象，他们将吝啬贪婪发挥到了极致。下列文学形象中不属于吝啬鬼的是(　　)

A.《悭吝人》中的阿巴贡

B.《死魂灵》中的泼留希金

C.《威尼斯商人》中的夏洛克

D.《叶甫盖尼·奥涅金》中的叶甫盖尼·奥涅金

25.《黄河大合唱》以黄河两岸人民的英勇斗争为题材，歌颂了伟大祖国和勤劳勇敢的人民，塑造了中华民族巨人般的形象。下列属于《黄河大合唱》中的歌曲的是(　　)

①《祖国颂》②《黄河船夫曲》③《松花江上》

④《河边对口曲》⑤《铁蹄下的歌女》⑥《黄河之水天上来》

A. ①②③　　B. ②③④　　C. ②④⑥　　D. ①⑤⑥

26. 我们使用电脑时或多或少都会用到这样一组快捷键，它的作用是撤销上一个操作，恢复到以前的某一步。这组快捷键是(　　)

A. Shift + F10　　B. Ctrl + Z　　C. Ctrl + A　　D. Alt + F4

27. 在 Excel 工作表中，表示以单元格 C5、N5、C8、N8 为顶点的单元格区域，正确的是(　　)

A. C5: C8: N5: N8　　B. C5: N8　　C. C5: C8　　D. N8: N5

28. 学校山区献爱心捐助小组突然收到一大笔没有署名的捐款,经过多方查找,可以断定是甲、乙、丙、丁中的一个人捐的。经询问,甲说:“不是我捐的。”乙说:“是丁捐的。”丙说:“是乙捐的。”丁说:“我肯定没有捐。”最后经过详细调查证实四个人中只有一个人说的是真话。根据以上已知条件,请判断下列哪项为真(　　)

A. 甲说的是真话,是丙捐的　　B. 丁说的是真话,是甲捐的

C. 乙说的是真话,是丁捐的　　D. 丁说的是假话,是丁捐的

29. 找规律填数字是一项很有趣的活动,特别锻炼观察和思考能力。将选项中的数字填入“2、7、14、25、38、________”空缺处,符合该组数字排列规律的是(　　)

A. 54　　B. 55　　C. 57　　D. 58

得 分	评卷人

二、材料分析题(本小题共 3 小题,每小题 14 分,共 42 分)

30. 材料:

陈老师在语文教学中,总是先让学生明确学习目标,然后提出问题,让学生围绕问题各自探索,并在小组内进行交流。大家都解决不了的问题,就由陈老师讲解,一学期下来,很多学生觉得不但收获了知识,解决问题的能力也增强了。

当然,陈老师也会遇到一些“意外”情况,有的同学老是找不到学习的方法,也不愿意发言,习惯当听众,王春就是这样的孩子。陈老师有一次点名让王春发言,王春站起来紧张得面红耳赤,陈老师示意王春坐下。课后,陈老师把王春叫到办公室说:“你既然不愿意在班上公开讲,那我们就私下聊吧,现在只有我们两个人,你就补上你的课堂发言吧。”在陈老师的多次鼓励下,王春慢慢克服了胆怯,也敢上台发言了。

作为班主任,陈老师号召学生扩大阅读面,他给学生推荐了很多书目,包括古今中外的文学名著,也包括科技史、通俗哲学读物、成功者的励志故事……他还经常组织学生交流阅读体会,一个学期下来,学生的视野明显开阔了,知识面也明显扩宽了。

问题:请结合材料,从学生观的角度,评析陈老师的教育行为。

31. 材料：

一次公开观摩课上，一位有着二十多年教龄的女教师，在课堂上并没有频频去叫那些反应机灵，学懂会用的好学生，而是善于捕捉那些不敢大胆发言，没有勇气回答问题的差生的一闪之念。

一位女孩刚把有信心的眼睛抬起的时候就被老师叫起来回答，结果心理过于紧张，老师启而不发满头大汗，不知所措。这时老师让她坐下来，语气温和地说："没关系。老师知道你会了。只是过于紧张而暂时想不起来，以后经常锻炼就好了。"这堂课使人感到，女教师用自己的爱在点燃胆怯者的智慧之火，让学生感受到"我有被爱的权利"；更让这位学生从此树立了自信，越来越阳光开朗。

问题：请结合材料，从教师职业道德的角度，评析该老师的教育行为。

32. 材料：

一向受到冷落的传统文化，仿佛突然峰回路转、柳暗花明了。近年来，文化遗产争夺战可谓烽烟四起、高潮迭出。

遗憾的是，这并不能代表可喜的民族文化自觉与文物保护意识增强。在志在必得的"文化激情"背后，是利益驱动下"遗产经济学"的精细打算——"每挖掘一个名人故里，就可以开发一个旅游景点，带来可观的经济收入"。

将文化遗产，视为地方经济的"摇钱树"，这样的观念，在目前的中国已经有了很多现实注脚。不少已经夺得文化遗产"归属权"的地方，以创收为核心，将文化演变为商业，大张旗鼓地进行着杀鸡取卵似的经营。

这当然不是传统文化的"利好"，而是历史文化的灾难。

当三江并流、都江堰、武当古刹等文化古迹传出"过度开发"的消息，当几乎每一种有魅力的文化都必有浩浩荡荡却毫无魅力的新建"伪文化"，甚至每一部古典文化名著，都演化为一座荒唐可笑的娱乐场时，不仅观众失去了文化的共鸣，历史文化也在被切割、破坏和颠覆。

值得关注的是，这些年来，“遗产经济学”有了新的表现形式。在许多愈演愈烈的文化名人争夺战中，人们频繁看到当地政府的身影。

由于地方政府的高调介入与认同，一些耗资巨大的标志性“文化符号”也应运而起。“帝尧故里”争夺战中，临汾修建了“中华民族文明之门”的华门，这座出手不凡的大制作从规模到设计处处“天下第一”。

政府参与社会事业的文化构建，本没有错。但问题是，这样的建设应当以公共文化服务为重点。面对此起彼伏的“争夺战”与“伪文化”浪潮，政府本应做正确的引导，为何却成了推波助澜的主导？

实际上，逐步升格的“崇古活动”与不断新建“文化标记”，已经成为一些地方新一轮面子工程的集体亮相。在光大传统、发展文化的口号之下，一些官员的心中，不仅有对经济效益的图谋，更有对“政绩收益”的盘算。他们用行政拨款下注，看能否博取更大的利益，创造经济—文化—政治的多赢。

让经济利用，被政治挟持，结果是，以文化为名义的文化行动，非但没有为社会繁荣带来推力，没有增强我们的历史文化意识，反而推助了急功近利、唯利是图的社会风气，加剧了好大喜功、铺张浪费的官场恶习，留下了沉重的文化欠债和社会成本。

这恐怕是“遗产经济学”更大的后患！

（摘编自卢新宁《遗产经济学的文化后患》，有删改）

问题：

（1）本文所说的“遗产经济学”有哪些文化后患？请简要概括。（4分）

（2）为什么在一些地方出现了“文化遗产争夺战”与“伪文化”建设浪潮？请简要分析。（10分）

得 分	评卷人

三、写作题(本大题共50分)

33. 阅读下面的材料,根据要求作文。

有甲乙两个农民,各种了五亩的玉米。

甲在播种玉米时,十分讲究每棵玉米的株距和行距;在玉米出苗后,一棵一棵地间苗,每穴只留一棵茎肥叶壮的苗子,其余的全部都拔掉了。乙正好相反,他思忖玉米的株距和行距留的空间太大,就会白白浪费土地,于是竭力缩小行距和株距,每穴留下两棵玉米。

忽然有一夜,刮起了暴风。甲的玉米因长得粗壮很少倒伏,秋天时获得了丰收。而乙的玉米因苗密瘦弱全被刮倒了,就连收回种子也只能是空想了。

综合上述材料所引发的思考和感悟,写一篇论说文。

要求:用规范的现代汉语写作;角度自选,立意自定,题目自拟;不少于800字。

Day 21

试卷十　模拟试卷(二)

(时间 120 分钟　满分 150 分)

题　号	一	二	三	总　分	核分人
题　分	58	42	50	150	
得　分					

得　分	评卷人

一、单项选择题(本大题共 29 小题,每小题 2 分,共 58 分)

1. 某学校为弘扬中华传统文化,对传统文化进行了全学科覆盖。比如该校正在编辑的《二十四节气与传统文化》一书将传统文化与语文、地理教学内容相结合;《古代文化常识精选读本》一书则将传统文化纳入历史教学、政治教学中。学校的这一做法符合(　　)

A. 素质教育的理念　　B. 因材施教的意识

C. 自主发展的意识　　D. 公平公正的态度

2. 不见用途,木材就无优劣之分。红木是做家具的优材,但是不能用来盖房子;松木做家具是劣材,打桩可是优材。正如斯皮尔曼教授一再强调的那样:"每一个人都可能是天才,每一个人都可能是白痴。"该语句体现的是(　　)

A. 学生是具有独立意义的主体　　B. 学生是发展的人

C. 学生是具有个性与差异的人　　D. 学生各阶段的发展要求不同

3. 放暑假前,某教师对同学们说:"这次期末考试成绩不理想的同学一定要去课外辅导机构补补课,不然新学期赶不上其他同学。"该教师的做法(　　)

A. 有利于提高差生的成绩　　B. 违背了素质教育的理念

C. 有利于强化学生之间的竞争　　D. 不利于学生之间的和谐关系

4. 一位教师走进教室时,刚刚推开虚掩着的教室门,忽然一把扫帚掉了下来,不偏不倚,正好打在教师的讲义夹上,课堂上一片哗然,这分明是学生搞的恶作剧。下列处理方式,最恰当的一项是(　　)

A. 稍做整理,批评训斥学生

B. 老师大发雷霆,立即查找搞恶作剧的人

C. 认真地说:“我就喜欢接受他人的挑战。”

D. 自我解嘲地笑着说:“看来我工作中的问题不少,连扫帚都向我表示不满了。希望你们在课后也给我提提意见,帮助我改进工作吧!”

5. 王某的儿子因车祸造成下肢截肢,平时需要借助推车才能行走,但智力正常。今年孩子已满7岁,王某决定送儿子到附近小学上学。学校认为,学校本身是一所普通学校,没有为残疾儿童准备的专门设施,故拒绝了王某的要求。该学校的做法(　　)

A. 合法,学校有权拒绝残疾儿童入学

B. 合法,学校有招生自主权

C. 不合法,王某的儿子虽有残疾,但学校不应该拒绝其入学

D. 不合法,侵犯了王某儿子的人格尊严权

6. 明明的父母协商离婚,但关于明明的抚养权一直争执不下。依据《中华人民共和国未成年人保护法》,离婚双方因抚养未成年子女问题发生争执,达不成协议时,应当根据(　　)的原则和双方具体情况判决。

A. 有利于女方　　B. 保障子女权益

C. 尊重未成年子女的意愿　　D. 有利于男方

7. 教师魏某工作态度消极,多次旷工,给学校教学工作造成损失。依据《中华人民共和国教师法》,学校可以采取的措施是(　　)

A. 对魏某予以解聘　　B. 给予魏某行政处罚

C. 对魏某予以罚款　　D. 要求魏某总结悔过

8. 某偏远山区交通不便,儿童居住较为分散,为保障当地适龄儿童接受义务教育,根据《中华人民共和国义务教育法》的规定,县级人民政府可以采取的措施是(　　)

A. 设置走读学校　　B. 设置寄宿制学校

C. 设置家庭学校　　D. 设置半日制学校

9. 10岁的蒋某因抢劫被公安机关抓获,当地电视台将蒋某接受审讯的清晰画面在当地新闻节目中播出。该电视台的行为(　　)

A. 不违法,如实报道没有构成侵权　　B. 不违法,传播正能量不构成侵权

C. 违法,侵犯了蒋某的隐私权　　D. 违法,侵犯了蒋某的名誉权

10. 校长的侄子毛毛平时学习成绩较好,但经常调皮捣蛋,在期末时校长找到班主任王老师进行谈话,要求将毛毛评选为三好学生,班主任拒绝了,对此表述正确的是(　　)

A. 合理,班主任应该坚定立场,不应随他人改变态度

B. 合理,班主任有权公正评定学生的品行和学业成绩

C. 不合理,我国学校实行校长负责制,班主任应该服从校长

D. 不合理，毛毛是校长的侄子，班主任应该给校长面子

11. 学生陈某逃课去网吧上网，学校在得知消息后，最恰当的做法应当是( )

A. 及时与陈某的监护人取得联系　　B. 及时向当地教育行政部门报告情况

C. 及时在当地电视台发布寻人启事　　D. 及时向当地公安机关报告情况

12. 当前，减轻学生伤害事故给学校造成的压力(负担)，同时能较好解决学生伤害事故损害赔偿或补偿责任的合法而有效的途径是( )

A. 学校加强安全教育，学生学会自护自救本领

B. 学校参加责任保险，学生参加意外伤害保险

C. 学校发动师生捐款，设立学生伤害赔(补)偿基金

D. 学校与学生家长签订"学生(子女)安全责任协议"

13. 校长常常给新老师讲："只要你还能站着，就要挺直腰板上完45分钟的课，只要你还能张开嘴，就要让最后一排的学生听见你的谆谆教导，这样才配得上人类灵魂的工程师啊！"这句话表明，作为一名人民教师，应当做到( )

A. 爱国守法　　B. 爱岗敬业　　C. 关爱学生　　D. 终身学习

14. 李老师突然身体不适，想让下午没课的秦老师代替他上课，秦老师却以"太忙，累了"的理由拒绝，秦老师的做法( )

A. 不利于自身专业发展　　B. 不符合爱岗敬业要求

C. 没有做到关心同事　　D. 没有做到以身作则

15. 徐特立先生曾说："'经师'是教学问的，'人师'是教行为的，我们的教学是要采取'人师'和'经师'二者合一。"这体现的教师职业道德是( )

A. 为人师表　　B. 爱岗敬业　　C. 教书育人　　D. 终身学习

16. 小王去年从师范大学毕业，到一所学校教书并担任班主任工作，他经常采取罚站、罚跑步的方式来惩罚犯错误的学生，严重影响了学生的身心健康。小王老师的做法( )

A. 合理，符合爱国守法的要求　　B. 不合理，违背了爱岗敬业的要求

C. 不合理，违背了关爱学生的要求　　D. 不合理，违背了为人师表的要求

17. 中国古代文学名著《封神演义》讲的是姜子牙帮助周武王联合诸侯讨伐商纣王的故事，下列战役发生在这个过程中的是( )

A. 赤壁之战　　B. 官渡之战　　C. 牧野之战　　D. 淝水之战

18. "七色光，七色光，太阳的光彩，我们带着七彩梦走向未来。"一束灿烂的阳光照射到下列哪种光学元件上，可以观察到"红、橙、黄、绿、蓝、靛、紫"七色光( )

A. 凹面镜　　B. 凸面镜　　C. 平面镜　　D. 三棱镜

19.《孔雀东南飞》中的诗句:"十三能织素,十四学裁衣,十五弹箜篌,十六诵诗书。"其中的箜篌是(　　)

A. 拨弦乐器　　B. 丝竹乐器　　C. 金石类乐器　　D. 击打乐器

20. 近年来,我国航天科技发展迅猛、成果不断。下列选项中列举不正确的是(　　)

A. "神舟"系列航天飞船、"嫦娥"系列探月卫星、悟空号探测卫星

B. "天宫"系列空间实验室、"长征"系列运载火箭、"北斗"系列导航卫星

C. "北斗"系列导航卫星、"风云"系列气象卫星、"慧眼"卫星

D. "北斗"系列导航卫星、"实践十号"实验卫星、华为5G手机导航

21. 该民族舞蹈中头、肩、腰、臂、肘、膝、脚都有动作,传神的眼神更具有代表性。其聚居地被誉为"歌舞之乡",这是哪个民族(　　)

A. 藏族　　B. 蒙古族　　C. 维吾尔族　　D. 汉族

22. 下列有关描写中国节日的诗句,依照时间的先后顺序排列正确的一项是(　　)

①清明时节雨纷纷,路上行人欲断魂②遥知兄弟登高处,遍插茱萸少一人

③千门万户曈曈日,总把新桃换旧符④今夜月明人尽望,不知秋思落谁家

A. ③④②①　　B. ③②④①　　C. ③①②④　　D. ③①④②

23. 被认为是生命科学研究领域中有史以来的第一个"大科学"项目,其意义和影响被誉为不亚于研究原子弹的"曼哈顿计划"和载人飞船登月的"阿波罗计划"的是(　　)

A. 基因工程技术　　B. 人类基因组计划　　C. 细胞工程　　D. 基因技术

24. "人要实,火要虚"的意思是说做人要脚踏实地,才能事业有成;可燃物要架空才能燃烧更旺。"火要虚"的目的是(　　)

A. 增大可燃物的热值　　B. 降低可燃物的着火点

C. 增大空气中氧气的含量　　D. 增大可燃物与空气的接触面积

25. 为加强爱国主义教育,教育部组织历史专家进行了认真研究,教材修改要求将8年抗战一律改为14年抗战,强调(　　)后的14年抗战历史是前后贯通的整体,应在课程教材中予以系统、准确体现。

A. "七七事变"　　B. "九一八事变"　　C. "西安事变"　　D. "虹桥事变"

26. 在Excel2003中,排序操作一次最多可以设置(　　)个关键字。

A. 1　　B. 2　　C. 3　　D. 4

27. 在PowerPoint2013中,"动画"选项卡可以对幻灯片上的对象应用,进行(　　)操作。

A. 更改与删除动画　　B. 形状与图标

C. 主题设计和颜色　　D. 动画设计与页面设计

28. 爸爸询问青青所喜欢的学科。她调皮地说:“我不像喜欢英语那样喜欢语文,也不像喜欢化学那样喜欢物理,不像喜欢语文那样喜欢化学,也不像喜欢数学那样喜欢英语。”下列学科,依青青喜好的程度,由高到低排列正确的是(　　)

A. 数学、英语、语文、化学、物理　　B. 数学、语文、英语、物理、化学

C. 语文、英语、数学、化学、物理　　D. 语文、数学、英语、物理、化学

29. 找规律填数字是一项很有趣的游戏,特别锻炼观察和思考能力。按照“3 +4 +9→122736”“2 +6 +6→121236”“5 +3 +7→153521”的规律,下列选项中正确的是(　　)

A. 8 +5 +2→401610　　B. 8 +5 +2→164056

C. 8 +5 +2→401026　　D. 8 +5 +2→405624

得 分	评卷人

二、材料分析题(本小题共 3 小题,每小题 14 分,共 42 分)

30. 材料:

崔老师刚工作就担任了副班主任。

崔老师对学生很“宽容”,有的学生偏科,他说:“没有关系,很多天才都偏科。”有的学生不喜欢体育锻炼,他也表示理解:“人有自己喜欢的事情,也有自己不喜欢的事情,不可能什么都喜欢。”

崔老师很喜欢学习好的学生,经常召集这些学生谈话,告诉他们要有远大的理想,并引导他们树立正确的人生目标。对于成绩不太好的同学,他也不加干预,还说:“学习上的差异古今中外都存在,十个手指头还不一样长呢。”

班主任与崔老师商量,打算分头联系家长,了解学生的基本情况,敦促家长为学校工作提供支持,但崔老师觉得没有必要,理由是:“家长平时都很忙,我们应该理解家长。教育孩子是我们老师的责任,不能给家长增加负担。”

很多老师对崔老师的做法很不理解。

问题:请结合材料,从教育观的角度,评析崔老师的教育行为。

31. 材料：

张某是某校的一位数学实习老师，他上课呆板无趣，但对学生很严格。如果有学生在他课堂提问时回答不上来，他就会骂人。一次期中考试，全班同学的成绩都不太理想，总成绩落后于其他班级，张老师在课堂上按照成绩排名，从后往前，一个挨一个，每人5~10分钟，进行“个人指导”的训话活动。此活动进行了2到3节课，直到班主任予以阻止才停止。不过此活动给班上的同学都留下了阴影，导致班里的数学成绩一直没有起色，大家都“谈张老师色变”。

问题：请结合材料，从教师职业道德的角度，评析张老师的教育行为。

32. 材料：

突然，我闻到办公室内流动着一股熟悉的香味，很熟悉，却一时想不起来是什么香味。开始，还以为是某个同事身上的香水味。可一个个挨着猛嗅了一番，却都不是。这时，有人提醒：“这是桂花香吧。”

这才恍然醒悟，这确实是桂花香啊！于是，赶到室外，走到立在人行道旁的桂花树旁。果然，一股浓烈的幽香沁人心脾，激荡魂魄。再仔细瞧去，在那密密的树叶后面，那些米粒大小的嫩黄的花儿正如天空的星星闪烁，却又十分静谧，毫无张扬之意。

瞧着瞧着，我的眼睛就湿润了。这些惹人怜爱的小东西，竟在偷偷地飘香，飘香了还像什么都没发生似的，静静地立在枝头，等着悄悄地凋零。我们如不仔细瞧，还不知道它已经到过这个世界，已经香过这个世界。这时，我的思绪触到一个最温柔的记忆，那是上中学时一个同学讲的故事。

当时，这个同学家里很穷，为了省电，他每天晚自习后十一点钟才回家，而那时，学校的大门也在他走后一段时间才缓缓地关上。他一直以为大门是要到那个时候才关的，因此春夏秋冬，他天天如此，从不觉得有什么不妥。直到有一天，他被锁在校园内过了一夜，他才知道学校大门是十点钟就关的，而原来关门的老大爷生病住院了。直到那时他才明白，老大爷一直在默默地为他开着方便之门。当他流着泪买了一大堆礼品去看老大爷时，老大爷已经去世了……

听完这个故事，我们许多人的眼睛都湿润了，为了那个默默行善的老人。我们的心湿漉漉的，因为在那一刻，我们才醒悟，其实我们每个人身旁都有那个开门的老人，在为我们开着方便之门，他们就像这小小的嫩黄的桂花，悄悄地释放着幽香，然后悄悄地凋零。

他们不张扬，是因为他们的生命本就是如此啊！

（摘编自《飘香的生命》）

问题：

(1)“我们许多人的眼睛都湿润了”和“我们的心湿漉漉的”，其原因分别是什么？(4 分)

(2)《飘香的生命》写出了作者对生命的什么感悟？(10 分)

得 分	评卷人

三、写作题(本大题共 50 分)

33. 阅读下面的材料，按要求作文。

著名教育家叶圣陶说过：“教育是农业，不是工业。”

综合上述材料所引发的思考和感悟，写一篇论说文。

要求：用规范的现代汉语写作；角度自选，立意自定，标题自拟；不少于 800 字。

参考答案及解析

第一阶段　核心训练试卷

(本阶段共16天)

第1天

一、单项选择题

1. A[解析]素质教育是促进学生个性发展的教育。每一位学生都有其个性,教师在教学中要尊重并充分发展学生的个性。题干中班主任吴老师对学习成绩一般但是舞蹈较出色的学生进行表扬,说明吴老师在教育过程中充分考虑学生的个体差异,关注学生的个性发展,而不是只关注学生的学习成绩,符合素质教育的要求。C项与题意不符,B、D两项在题干中未体现,故本题选A项。
2. A[解析]素质教育是促进学生全面发展的教育。实施素质教育必须坚持德育、智育、体育、美育和劳动技术教育并举,促进学生生动活泼地发展。题干中,赵老师不重视学生的文化知识学习,违背了全面发展的要求,这种做法是不合理的,故本题选A。
3. A[解析]素质教育是促进学生全面发展和个性发展的教育,它倡导教育要促进学生生动、活泼、主动地学习,减轻学生学业负担。但是,减负、课外活动等仅是实现素质教育的突破口,而不是素质教育的全部,题干中的校长的说法是对素质教育的片面理解,是错误的,本题选A。
4. B[解析]素质教育倡导人人有受教育的权利,强调在教育中每个人都得到发展,而不是只注重一部分人,更不是只注重少数人的发展。题干中,周老师的话说明教育不能搞选拔性,而是要面向全体学生,促进每一个学生的发展。B项最符合题意。
5. A[解析]素质教育是促进学生个性发展的教育,每一位学生都有其个性,教师要尊重并充分发展学生的个性。题干中胡老师并没有因为图图的纪律问题而忽视了图图手工课上的出色表现,说明胡老师注意到了图图的个性发展,并充分尊重与鼓励图图的个性发展。
6. B[解析]素质教育立足于学生全面素质的提高,倡导教授适合学生发展和社会发展需要的教育内容。题干中"虎妈"给孩子报了多个兴趣班,不顾实际情况,让孩子在所有领域全面发展,没有尊重孩子的兴趣和需要,没有尊重孩子的身心发展规律,违背了素质教育的理念,A、D项说法错误。"猫爸"认为要尊重孩子,反对给孩子报很多兴趣班,尊重了孩子的主体地位,符合素质教育的理念,有利于孩子的成长和发展。本题选B。
7. D[解析]素质教育是以培养学生的创新精神和实践能力为重点的教育。培养具有创新精神和实践能力的新一代人才,是素质教育的时代特征。创新教育是素质教育的核心,创新能力不仅是一种智力特征,更是一种人格特征、一种精神状态。题干中陈老师在课堂中通过提问,鼓励学生发散思维,给出不同的解题方法,这表明他注重培养学生的创新精神和发散思维。

二、材料分析题(参考答案)

材料中李老师的教育行为是正确的,值得肯定。

(1)素质教育是促进学生个性发展的教育。每一位学生都有其个性,因此,教育要尊重并充分发展学生的个性。材料中,小华想要画彩色的熊猫,李老师并没有反驳他,而是鼓励他帮熊猫穿一件彩色衣服,李老师的做法尊重并发展了学生的个性,符合素质教育的理念。

(2)素质教育是以培养创新精神和实践能力为重点的教育。培养具有创新精神和实践能力的新一代人才,是素质教育的时代特征。材料中,李老师面对学生突然提出的奇特、新颖的想法,给予了肯定和鼓励,学生们也发挥想象力,给熊猫穿上了彩色衣服,画出了一幅幅奇妙的画作。这促进了学生创新精神和实践能力的发展。

总之,李老师在教学中贯彻了素质教育理念,促进了学生的发展,值得广大教师学习。

第2天

一、单项选择题

1. D[**解析**]学生是发展的人,具有巨大的发展潜能。教师要坚信每个学生都是可以积极成长的,是有培养前途的,不能因为学生的小错误,将学生完全否定,而是要看到学生未来的发展潜力,帮助学生更好地发展。题干中的班主任仅仅因为陈功考试失败就讽刺他,没有看到学生未来的发展潜能,说明该班主任没有认识到学生是发展的人。
2. B[**解析**]在学校教育活动中,必须遵循"教育公正"原则。题干中,赵老师根据学生的考试成绩高低安排座位,没有做到公平公正,一视同仁,这种做法是错误的。本题选B。
3. B[**解析**]素质教育强调学生在学习活动中是认识的主体、实践的主体和发展的主体,是学习的主人。题干中,张老师认为学生像一张"白纸"可以任人随意描绘,学生的头脑是一个"容器",可以任意进行填塞,这种观点忽视了学生的主体性和主观能动性,违背了学生是学习的主体的教育理念。
4. B[**解析**]"以人为本"的学生观认为学生是独特的、完整的人,在教育活动中,作为完整的人而存在的学生,不仅具备智慧和人格力量,而且体验着全部的教育生活。题干中赵老师让康康离开舞蹈队的做法,损害了康康的人格,是不尊重学生的表现,故做法不合理。
5. B[**解析**]学生是发展的人,教师要用发展的观点看待学生。题干中老师的做法体现了容错教育的思想,学生犯错是在所难免的,只有吸取错误中的教训才会更好地成长,说明宁老师把学生看作是发展中的人来对待。
6. C[**解析**]学生是发展的人,有着巨大的发展潜能,教师要用发展的观点认识学生。题干中,凡凡对科学活动很感兴趣,教师应该对凡凡予以鼓励,保护凡凡的积极性和主动性,而不是打击凡凡,故吴老师做法不正确。其次,吴老师以凡凡在科学课上的表现就判定凡凡不适合当科学家,说明吴老师没有将学生看成是正在发展的个体,没有注意到学生巨大的发展潜能。故本题选C。
7. C[**解析**]学生是独特的人,每个学生都有自身的独特性,这就要求教师在教育过程中要正视学生的个别差异,贯彻因材施教的教学原则。题干中陶行知认为要区别不同花草树木的特点给以施肥、浇水和培养教育,正是体现了教师尊重学生的差异性,根据学生身心发展特点因材施教的理念。

二、材料分析题(参考答案)

材料中张老师的做法是错误的,他应当反思并改正自己的行为。

(1)学生是独特的人,是完整的人。教师要把学生当作完整的人来对待,充分尊重学生。材料中,张老师发现莎莎的耳朵脏,就叫莎莎站起来给大家看,把她作为反面示例,引起全班同学的大笑,伤害了莎莎的自尊心和自信心。这说明张老师没有尊重学生人格,没有考虑到学生的心理感受。

(2)学生是处于发展过程中的人。作为发展中的人,意味着学生还是不成熟的人,教师要理解学生身上存在的不足,就要允许学生犯错误。当然,更重要的是要帮助学生解决问题,改正错误,从而不断促进学生的进步和发展。材料中,张老师把莎莎数学成绩差的原因归结于其上课不认真,没能集中注意力去听课。这说明张老师没有深入了解莎莎数学成绩差的根本原因,没有把学生作为发展中的人来看待,没有做到主动帮助学生解决问题,改正错误。

综上所述,张老师的教育行为存在不妥之处,他需要反思并改正自己的错误。作为教师,我们不能向张老师学习,而是要树立"以人为本"的学生观,促进学生发展,帮助学生健康成长。

第3天

一、单项选择题

1. D[**解析**]新课程提倡教师在对待与其他教育者

的关系上应当注重合作、互助。两位老师为了竞争而暗暗较劲，毫无交流，违背了教师间的合作理念。

2. D［解析］教师的知识素养包括政治理论知识、精深的学科专业知识、广博的科学文化知识、必备的教育科学知识、丰富的实践知识。其中，教育科学知识即条件性知识，指教师必须具备的教育学、心理学、教育管理的知识。题干中，当学生问老师怎样解决自己考试紧张的问题时，老师却说该生是因为没有复习好才紧张的。这说明该老师缺乏心理学知识，不能从心理学的角度帮助学生解决考试紧张问题。

3. B［解析］新课程倡导民主、开放、科学的课程理念，要求教师在课程改革中发挥主体作用，成为课程的开发者和建设者。题干中，李老师根据本市现状，编写了有关环境保护的学生读本，并推广相关课程，这说明李老师具有优秀的课程开发能力，体现了教师是课程的建设者与开发者。

4. A［解析］教学反思是教师以自己的教学活动过程为思考对象，对自己所做出的某种教学行为、决策以及由此所产生的结果进行审视和分析的活动。题干中，胡老师经常对自己的教学过程进行分析与总结，不断改进，这体现了胡老师注重教学反思。

5. A［解析］教师在对待教学关系上，应当注重帮助、引导学生。教的本质在于引导，引导的特点是含而不露、开而不达、引而不发；引导的内容不仅包括方法和思维，同时也包括价值和做人。题干中老师的提问方式看似让学生参与课堂，其实只是一种无效提问，说明教师有这种意识，却没有正确理解帮助、引导学生的含义。

6. C［解析］教师的沟通合作能力是指教师和学生、家长、同事之间的沟通交流能力。题干中张老师与学生、同事、家长沟通交流顺畅、和谐，人际关系良好，这说明张老师具有较强的沟通与合作能力。

7. A［解析］从教学与课程的关系看，教师是课程的开发者和建设者。新课程倡导民主、开放、科学的课程理念，教师不仅是课程实施的执行者，更应成为课程的开发者和建设者。题干中马老师将学校里的废旧物品融入课堂，开展一堂“变废为宝”的活动课程，这是开发新课程的表现，说明马老师具有课程研发的意识。

二、材料分析题（参考答案）

材料中班主任的做法符合新课程倡导的教师观，值得肯定和学习。

（1）教师是学生学习的促进者。材料中，小明经常把小动物带进教室，但班主任并没有批评他，反而在班里成立了动物兴趣小组，帮助小明对动物进行探索，小明也在班主任的引导下有了很大进步，发表了论文，并在比赛中获奖。这体现了教师是学生学习的促进者。

（2）新课程倡导教师在对待教学关系上，要帮助、引导学生。题干中，班主任面对小明的问题行为，通过设立动物兴趣小组纠正了小明的坏习惯，并激励小明进行动物探索活动，促进了其成长。

综上所述，作为一名教师，要树立正确的教师观，采取合理的措施教育学生，帮助学生成长、成才。

第 4 天

单项选择题

1. D［解析］根据《中华人民共和国宪法》第六十七条规定，全国人民代表大会常务委员会拥有“解释宪法，监督宪法的实施”的职权。A、B、C 项都属于全国人民代表大会行使的职权，D 项符合题意。

2. B［解析］根据《中华人民共和国教师法》第三十九条规定，教师对学校或者其他教育机构侵犯其合法权益的，或者对学校或者其他教育机构作出的处理不服的，可以向教育行政部门提出申诉，教育行政部门应当在接到申诉的三十日内，作出处理。

3. C［解析］根据《中华人民共和国义务教育法》第十一条规定，凡年满六周岁的儿童，其父母或者其他法定监护人应当送其入学接受并完成义务教育；条件不具备的地区的儿童，可以推迟到七周岁。适龄儿童、少年因身体状况需要延缓入学或者休学的，其父母或者其他法定监护人应当提出申请，由当地乡镇人民政府或者县级人民政府教育行政部门批准。当地乡镇人民政府应当批准江某的申请，允许玲玲延缓到七周岁入学。

4. C[**解析**]根据《中华人民共和国预防未成年人犯罪法》第十九条规定，未成年人的父母或者其他监护人，不得让不满十六周岁的未成年人脱离监护单独居住。

5. A[**解析**]根据《学生伤害事故处理办法》第十九条规定，教育行政部门收到调解申请，认为必要的，可以指定专门人员进行调解，并应当在受理申请之日起60日内完成调解。

6. C[**解析**]根据2018年修正的《中华人民共和国宪法》第五十七条规定，中华人民共和国全国人民代表大会是最高国家权力机关。第八十五条规定，中华人民共和国国务院，即中央人民政府，是最高国家权力机关的执行机关，是最高国家行政机关。根据第一百二十五条规定，中华人民共和国国家监察委员会是最高监察机关。根据第一百三十二条规定，最高人民法院是最高审判机关。故本题选C。

7. C[**解析**]根据《中华人民共和国教育法》第十九条规定，国家实行九年制义务教育制度。各级人民政府采取各种措施保障适龄儿童、少年就学。适龄儿童、少年的父母或者其他监护人以及有关社会组织和个人有义务使适龄儿童、少年接受并完成规定年限的义务教育。

8. C[**解析**]根据我国《宪法》第一百三十一条和第一百三十六条规定，人民法院、人民检察院分别依照法律规定独立行使审判权与检察权，不受行政机关、社会团体和个人的干涉。

9. D[**解析**]根据《中华人民共和国教师法》第六条规定，每年九月十日为教师节。

第5天

单项选择题

1. B[**解析**]根据《中华人民共和国宪法》第四十条规定，中华人民共和国公民的通信自由和通信秘密受法律的保护。除因国家安全或者追查刑事犯罪的需要，由公安机关或者检察机关依照法律规定的程序对通信进行检查外，任何组织或者个人不得以任何理由侵犯公民的通信自由和通信秘密。故本题选B。

2. D[**解析**]根据《中华人民共和国宪法》第四十九条的规定，婚姻、家庭、母亲和儿童受国家的保护。夫妻双方有实行计划生育的义务。父母有抚养教育未成年子女的义务，成年子女有赡养扶助父母的义务。禁止破坏婚姻自由，禁止虐待老人、妇女和儿童。

3. B[**解析**]根据《中华人民共和国教育法》第三十条规定，学校及其他教育机构应当履行下列义务：(一)遵守法律、法规；(二)贯彻国家的教育方针，执行国家教育教学标准，保证教育教学质量；(三)维护受教育者、教师及其他职工的合法权益；(四)以适当方式为受教育者及其监护人了解受教育者的学业成绩及其他有关情况提供便利；(五)遵照国家有关规定收取费用并公开收费项目；(六)依法接受监督。题干中该小学未向社会公开收费项目的做法是不合法的。

4. C[**解析**]根据《中华人民共和国教育法》第四十三条规定，受教育者享有下列权利：(一)参加教育教学计划安排的各种活动，使用教育教学设施、设备、图书资料；(二)按照国家有关规定获得奖学金、贷学金、助学金；(三)在学业成绩和品行上获得公正评价，完成规定的学业后获得相应的学业证书、学位证书；(四)对学校给予的处分不服向有关部门提出申诉，对学校、教师侵犯其人身权、财产权等合法权益，提出申诉或者依法提起诉讼；(五)法律、法规规定的其他权利。赵某对学校给予的处分不服，有向有关部门提出申诉的权利。

5. B[**解析**]根据《中华人民共和国教师法》第十条规定，国家实行教师资格制度。2000年颁布的《〈教师资格条例〉实施办法》第三条规定，中国公民在各级各类学校和其他教育机构中专门从事教育教学工作，应当具备教师资格；其第二十二条规定，教师资格证书作为持证人具备国家认定的教师资格的法定凭证，由国务院教育行政部门统一印制。综上所述,在各级各类学校和其他教育机构中专门从事教育教学工作的人员,应当具备国家认定的教师资格证书,张老师没有教师资格证,说明其不具备教师资格,依法不能被学校聘用。故本题应选择 B 项。

6. D[解析]根据《中华人民共和国教师法》第七条规定,教师享有参加进修或者其他方式的培训的权利。教导主任以学校发展为由不让小张老师参加培训,侵犯了小张老师的进修培训权。

7. B[解析]宪法第三十五条规定:中华人民共和国公民有言论、出版、集会、结社、游行、示威的自由。宪法第三十六条规定:中华人民共和国公民有宗教信仰自由。宪法第四十七条规定:中华人民共和国公民有进行科学研究、文学艺术创作和其他文化活动的自由。宪法第五十六条规定:中华人民共和国公民有依照法律纳税的义务。税收具有强制性特点,依法纳税是公民必须履行的基本义务,不属于公民自由。故本题选 B。

8. D[解析]提高自身的业务水平是《中华人民共和国教师法》对教师提出的一条要求,题干中黄某拒绝参加教师培训活动的做法是不正确的,不利于自身业务水平的提高。

9. A[解析]根据《中华人民共和国教师法》第七条规定,教师有"进行教育教学活动,开展教育教学改革和实验"的权利。教师享有教育教学权,任何组织或部门都无权干涉。

第 6 天

单项选择题

1. D[解析]根据《中华人民共和国教育法》第七十一条规定,违反国家财政制度、财务制度,挪用、克扣教育经费的,由上级机关责令限期归还被挪用、克扣的经费,并对直接负责的主管人员和其他直接责任人员,依法给予处分;构成犯罪的,依法追究刑事责任。

2. C[解析]根据《中华人民共和国义务教育法》第五十六条规定,学校以向学生推销或者变相推销商品、服务等方式谋取利益的,由县级人民政府教育行政部门给予通报批评;有违法所得的,没收违法所得;对直接负责的主管人员和其他直接责任人员依法给予处分。题干中学校的做法不合法,应给予通报批评,没收违法所得。

3. A[解析]根据《中华人民共和国教师法》第三十七条规定,教师品行不良、侮辱学生,影响恶劣的,由所在学校、其他教育机构或者教育行政部门给予行政处分或者解聘。题干中数学老师对学生李某的谩骂侮辱了李某的人格尊严,导致李某抑郁,因此可由学校给予行政处分或者解聘。

4. A[解析]根据《中华人民共和国未成年人保护法》第六十三条规定,学校、幼儿园、托儿所教职员工对未成年人实施体罚、变相体罚或者其他侮辱人格行为的,由其所在单位或者上级机关责令改正;情节严重的,依法给予处分。题干中的教师应当改正其行为。

5. B[解析]根据《学生伤害事故处理办法》第九条规定,学校教师或者其他工作人员体罚或者变相体罚学生,或者在履行职责过程中违反工作要求、操作规程、职业道德或者其他有关规定,造成学生伤害事故,学校应当依法承担相应的责任。题干中,司机虽然也有过错,但是学校和司机签订合同后,司机履行的行为属于职务行为,故学校应该承担责任。

6. A[解析]根据《学生伤害事故处理办法》第九条规定,因学校组织学生参加教育教学活动或者校外活动,未对学生进行相应的安全教育,并未在可预见的范围内采取必要的安全措施而造成的学生伤害事故,学校应当依法承担相应的责任。第二十三条规定,对发生学生伤害事故负有责任的组织或者个人,应当按照法律法规的有关规定,承担相应的损害赔偿责任。题干中,学校让 8 岁的学生擦 2 楼窗户玻璃这一做法不合理,而学校的不合理安排是导致学生受伤的主要原因,学校应当负主要赔偿责任,敬老院并不承担主要责任。A 项说法错误,本题选 A。

7. D[解析]该学校的做法损害了学生的个人财产,侵犯了学生的财产权。

8. A[解析]学生享有参加教育教学活动的权利。在教学过程中,学生有权参加教育教学计划安排的各种课堂教学、讲座、课堂讨论、观摩、实验、见习、实习、测验和考试等活动。任何组织和个人都不得以任何借口非法剥夺学生参加教育教学活动的权利。王老师要求家长将赵某领回家进行教育,停课一周,这种行为侵犯了赵某参加教育教学活动的权利。

9. A[解析]根据《学生伤害事故处理办法》第九条第九款规定,学校教师或者其他工作人员体罚或者变相体罚,或者在履行职责过程中违反工作要求、操作规程、职业道德或其他有关规定的造成学生伤害事故,学校应当依法承担相应的责任。体育课老师迟到,违反了工作章程,因此学校应承担相应的责任。根据该办法第十条第三款规定,学生或者其监护人知道学生有特异体质,或者患有特定疾病,但未告知学校的造成学生伤害事故,学生或者未成年学生监护人应承担相应的责任。材料中宋某有先天性心脏病但并未事先告诉学校,因此其监护人应承担相应的责任。故本题选A。

第7天

单项选择题

1. D[解析]根据《中华人民共和国义务教育法》第十二条规定,适龄儿童、少年免试入学。地方各级人民政府应当保障适龄儿童、少年在户籍所在地学校就近入学。题干中的小学组织入学考试,跨学区招生,这一做法违反了义务教育免试入学和就近入学的规定。

2. B[解析]根据《中华人民共和国教育法》第二十七条规定,设立学校及其他教育机构,必须具备下列基本条件:(一)有组织机构和章程;(二)有合格的教师;(三)有符合规定标准的教学场所及设施、设备等;(四)有必备的办学资金和稳定的经费来源。故答案为B项。

3. D[解析]《中华人民共和国教师法》适用于在各级各类学校和其他教育机构中专门从事教育教学工作的教师,其第十四条规定"受到剥夺政治权利或者故意犯罪受到有期徒刑以上刑事处罚的,不能取得教师资格;已经取得教师资格的,丧失教师资格"。此外,《〈教师资格条例〉实施办法》第三条规定"中国公民在各级各类学校和其他教育机构中专门从事教育教学工作,应当具备教师资格",第二十五条规定"丧失教师资格者不得重新申请认定教师资格",第二十六条规定"被撤销教师资格者自撤销之日起5年内不得重新取得教师资格"。综上所述,林某依法丧失教师资格,且不得重新申请认定教师资格,终身不能从事教育教学工作。A、B、C三项说法错误,D项说法正确。

4. D[解析]根据《中华人民共和国未成年人保护法》第十八条规定,学校应当尊重未成年学生受教育的权利,关心、爱护学生,对品行有缺点、学习有困难的学生,应当耐心教育、帮助,不得歧视,不得违反法律和国家规定开除未成年学生。学校随意开除学生的行为,侵犯了未成年学生的受教育权。

5. B[解析]根据《中华人民共和国未成年人保护法》第二十一条规定,学校、幼儿园、托儿所的教职员工应当尊重未成年人的人格尊严,不得对未成年人实施体罚、变相体罚或者其他侮辱人格尊严的行为。题干中的老师打学生并让学生罚站的行为违反了《中华人民共和国未成年人保护法》。

6. C[解析]根据《中华人民共和国预防未成年人犯罪法》第十条规定,未成年人的父母或其他监护人对未成年人的法制教育负有直接责任。学校在对学生进行预防犯罪教育时,应当将教育计划告知未成年人的父母或者其他监护人,未成年人的父母或者其他监护人应当结合学校的计划,针对具体情况进行教育。因此,题干中父母的说法是错误的,家长应当配合学校的法制教育工作。

7. D[解析]根据《中华人民共和国预防未成年人犯罪法》第三十九条规定,未成年人在被收容教养期间,执行机关应当保证其继续接受文化知识、法律知识或者职业技术教育;对没有完成义务教育的未成年人,执行机关应当保证其继续接受义务教育。解除收容教养、劳动教养的未成年人,在复学、升学、就业等方面与其他未成年人享有同等权利，任何单位和个人不得歧视。所以，A、B、C 三项的做法符合法律规定，D 项不符合法律规定。

8. A[解析]《中华人民共和国未成年人保护法》第四十三条规定：对孤儿、无法查明其父母或者其他监护人的以及其他生活无着的未成年人，由民政部门设立的儿童福利机构收留抚养。故本题选 A。

9. A[解析]《中华人民共和国未成年人保护法》第三十七条规定：禁止向未成年人出售烟酒，经营者应当在显著位置设置不向未成年人出售烟。题干中商贩在小学门口向学生兜售香烟，违背了《中华人民共和国未成年人保护法》中的相关规定，不利于未成年人的身心健康发展。因此，王校长应予以制止，将商贩劝离。C 项，王校长没有权利对商贩处以罚款。

第 8 天

一、单项选择题

1. B[解析]"以一身立教"就是要以身作则，用教师自身的言行举止做榜样，感染学生，即为人师表。

2. A[解析]老师将没有完成作业的学生置于冷风之中，要求学生将作业写完，没有做到关爱学生，关心学生健康。

3. C[解析]"上班积极听老教师的课""业余时间自修研究生课程""潜心研究教学法"这一系列做法都体现了殷老师具有终身学习的理念。

4. A[解析]"爱岗敬业"的职业道德要求教师对工作高度认真负责，认真备课上课，认真批改作业。题干中的刘老师认真备课、讲课，工作态度端正，符合爱岗敬业的职业道德要求。

5. C[解析]冯老师的做法是可行的，体现了其注重沟通策略，既尊重家长又爱护学生。

6. D[解析]《中小学教师职业道德规范》(2008 年)中"为人师表"一条指出，教师应自觉抵制有偿家教，不利用职务之便谋取私利。题干中薛老师要求班里的学生报名其妹妹开的培训班的做法违背了为人师表的职业道德规范。

7. C[解析]《中小学教师职业道德规范》(2008 年)中规定教师应"关爱学生"。关心爱护全体学生，尊重学生人格，平等公正对待学生。对学生严慈相济，做学生的良师益友。保护学生安全，关心学生健康，维护学生权益。不讽刺、挖苦、歧视学生，不体罚或变相体罚学生。题干中该班主任让违反纪律的小文搬到教室的角落里一个人坐的做法没有尊重学生的人格。

8. C[解析]首先，林老师没有把教案借给新老师，防止了新教师在备课不充分、不了解班级情况的前提下，匆忙上课；其次，林老师表明愿意在适当时间同新老师探讨备课，即愿意帮助新老师备课。所以说林老师帮助同事讲究方式方法。

9. D[解析]题干中，万老师打学生的做法是错误的，所以万老师应当向学生小夏及其家长道歉。并且万老师脾气急躁，在面对家长时要注意控制自己的情绪。

10. C[解析]《中小学教师职业道德规范》(2008 年)中的"教书育人"要求教师要循循善诱，诲人不倦，因材施教。题干中的教师能根据学生的实际情况来调整教学，做到了因材施教。

二、材料分析题(参考答案)

材料中李帅老师刚上班时的行为是正确的，但熟悉工作之后，其怠慢工作、粗暴对待学生的做法是不正确的，违背了教师职业道德规范的相关要求。

(1)爱岗敬业要求教师做到：对工作高度负责，认真备课上课，认真批改作业，认真辅导学生。不得敷衍塞责。材料中，李帅老师在刚上班时，虚心向同事请教，认真备课，对工作认真负责，符合教师职业道德规范中爱岗敬业的相关要求，是值得称赞的。但随着工作的熟悉，社会交往的增多，他便越来越不重视备课和对教学环节的把握，开始变得轻浮、懒散，违背了爱岗敬业的相关要求。

(2)关爱学生要求教师做到：关心爱护全体学生，尊重学生人格，平等公正对待学生。对学生严慈相济，做学生的良师益友。保护学生安全，关心学生健康，维护学生权益。不讽刺、挖苦、歧视学生，不体罚或变相体罚学生。材料中，李帅老师把对校长和学生评教结果的不满向学生发泄，对上课不专心听讲或成绩差的学生，就挖苦、讽刺或罚站，甚至赶出教室，违背了关爱学生的相关要求。

(3)教书育人要求教师做到：遵循教育规律，实施素质教育。循循善诱，诲人不倦，因材施教。培养学生良好品行，激发学生创新精神，促进学生全面发展。不以分数作为评价学生的唯一标准。材料中，李帅老师对上课不专心听讲或成绩差的学生，没有循循善诱，因材施教，而是挖苦、讽刺或罚站，甚至赶出教室，对学生造成伤害，违背了教书育人的相关要求。

因此，教师在教学中要遵守教师职业道德规范的要求，做好本职工作，尊重、关爱学生，帮助学生成长。

第9天

单项选择题

1. A[解析]郡县制是中国古代继宗法血缘分封制度之后出现的以郡统县的两级地方行政制度，是中央垂直管理下官员由中央直接任免的流官任期制，标志着官僚政治取代血缘政治。

2. A[解析]由题干中材料，并结合史实可知这段时期指西汉的“文景之治”。贞观之治是唐太宗统治下出现的盛世，开元盛世是唐玄宗统治前期出现的盛世。永乐盛世是明成祖朱棣统治时期所出现的盛世。

3. B[解析]题干诗句为唐朝诗人皮日休《汴河怀古二首其一》中的颈联和尾联。从“尽道隋亡为此河”一句，可推知“此河”与隋朝灭亡密切相关。在隋朝历史发展中，对隋朝产生重大影响，并引起隋朝动荡的莫过于隋朝开凿的大运河。所以诗句中的“河”，应是指隋朝大运河。故本题选B。

4. A[解析]题干中的诗句出自毛泽东的《七律·人民解放军占领南京》。1949年4月，全面内战已进入尾声，国民党军队全线溃败。4月23日，解放军占领总统府，解放南京，毛泽东听闻消息后写下了这首七律诗。所以，“天翻地覆”就是指人民解放军解放南京。

5. A[解析]《乌尔纳姆法典》是历史上最早的一部成文法典，早于《汉谟拉比法典》，但因破损严重，导致后人无法知其全貌。《汉谟拉比法典》是迄今已知世界第一部比较完备的成文法典。《摩奴法典》是印度最古老的一部法律文献。《摩西五经》是《圣经·旧约》最初的五部经典。

6. A[解析]克里姆林宫位于俄罗斯莫斯科，曾是苏联党政最高领导机关的办公地点，现为俄罗斯总统府所在地。1991年12月25日克里姆林宫的苏联国旗降下标志着苏联解体。

7. A[解析]三省六部制是中国古代封建社会一套组织严密的中央官制，其中“六部”包括吏部(掌管吏政)、户部(掌管财政)、礼部(掌管学政)、兵部(掌管军政)、刑部(掌管法律刑狱)、工部(掌管营造工程)。

8. A[解析]“朝为田舍郎，暮登天子堂”一句出自《神童诗》，这句话反映的是在科举制度之下，普通百姓通过科举考试改变命运的社会现象。故选A。

9. C[解析]1919年召开的巴黎和会是一战战胜国的分赃会议，由美、英、法三国操纵，核心问题是如何处置战败后的德国。

10. A[解析]哥伦布在1492年到1502年间四次横渡大西洋，发现美洲新大陆。

11. D[解析]明治维新始于1868年明治天皇建立新政府，改革内容主要包括加强中央集权，引进西方先进技术，实行义务教育，废除禁止土地买卖的禁令，确定土地私有权等。这次改革使日本走上发展资本主义的道路，是日本近代历史上的重要转折点。A项，大化改新又称作大化革新，是发生于7世纪中期的古代日本社会政治变革运动。独立战争与南北战争都发生在美国。

12. C[解析]依据题干“富在民生”可知，这是洋务运动后期“求富”思想的体现。在这一思想指导下，李鸿章发起创办中国近代史上第一家轮船运输企业，也是中国第一家近代民用企业——轮船招商局。湖北织布局由张之洞创办，京师同文馆是恭亲王奕䜣奏请皇帝后开办的新式学堂，福州船政局由左宗棠创办，本题选C。

13. B[解析]19 世纪六七十年代,在俾斯麦的领导下,普鲁士通过三次王朝战争完成了德国的统一大业。1871 年,德意志帝国建立。

14. C[解析]战国七雄分别指齐、楚、燕、韩、赵、魏、秦。越国不属于战国七雄。

15. A[解析]马歇尔计划,又称欧洲复兴计划,由时任美国国务卿马歇尔提出,该计划旨在援助二战后的欧洲,帮助其经济复苏,以抵抗苏联的影响。杜鲁门主义以维护"自由"为名,遏制共产主义扩张,B 项错误。"冷战"政策的推行是美苏全面争夺世界霸权的结果,C 项错误。"大棒"政策是美国 20 世纪初期奉行的外交政策,实质是武力威胁干涉拉美事务,D 项错误。

第 10 天

单项选择题

1. B[解析]北宋沈括的《梦溪笔谈》是以笔记体裁形式写成的科学典籍,《梦溪笔谈》在磁学方面研究成果尤为卓著,最早记载了人工磁化的一种简便方法,即"以磁石磨针锋"造指南针。

2. A[解析]法国化学家拉瓦锡是燃烧氧化学说的创立者,他通过金属煅烧实验于 1777 年向法国科学院提出了一篇报告《燃烧概论》,阐明了燃烧作用的氧化学说。

3. D[解析]飞行员飞到一定高度后,云层变薄,大气对阳光的色散能力转弱,所以,飞行员会发现越往高处飞天色越暗。

4. A[解析]骨头中的钙主要以磷酸钙的形式存在,而磷酸钙难溶于水,易溶于酸性物质,所以为了提高骨头中钙质的溶解度可以加少量的醋。

5. C[解析]看到船儿在水面上漂浮是由于光的直线传播。看到鸟儿在水中飞翔,青山倒立在水中是由于光的反射。看到鱼儿在白云中穿梭是由于光的折射。故选 C。

6. B[解析]要实现飞船和空间站对接,需飞船和空间站处于同一轨道的相同方向,实现相对的静止才能对接成功。故正确答案为 B。

7. D[解析]我国首次成功发射的载人航天飞船"神舟五号",于 2003 年 10 月 15 日将航天员杨利伟送入太空。

8. B[解析]中国北斗卫星导航系统(BDS)是我国自行研制的全球卫星导航系统,是继美国全球定位系统(GPS)、俄罗斯格洛纳斯卫星导航系统(GLONASS)之后第三个成熟的卫星导航系统。

9. D[解析]在雷雨天气中,不宜在大树下躲避雷雨,容易遭受雷击。

10. A[解析]8 世纪左右造纸术传到阿拉伯地区,符合本题。活字印刷术在北宋时发明,指南针在北宋时完善,开始应用于航海等领域,火药与火器在唐末战争中才开始使用,而公元 751 年(天宝十年)正是盛唐时期。B、C、D 三项的时间与题干不符。

11. C[解析]19 世纪下半叶,电力的应用和内燃机的发明引发了第二次科技革命。卡尔·本茨发明了汽车,贝尔发明了第一部可用的电话,爱迪生发明了电灯、留声机,马可尼发明了无线电报等。根据题干中的"大车不需要马拉""电线"等词语可推断这种生活最早出现于第二次科技革命时期。

12. A[解析]《天体运行论》是波兰天文学家哥白尼所著的一本讲述其天文学说的著作。

第 11 天

单项选择题

1. B[解析]重阳节是中国民间的传统节日,节期在每年的农历九月初九。古代,民间在重阳时有登高的风俗,故重阳节又叫"登高节"。

2. B[解析]白瓷一般认为始于北朝,成熟于隋代,成名于唐。白瓷的特点是胎色洁白,釉色白净。依据题干"白碗胜霜雪"可知杜甫在诗中赞赏的是白瓷。青瓷胎色较重,釉成青色。成熟的青花瓷出现于元代。彩瓷在明清两代高度发展繁荣。故本题选 B。

3. B[解析]古人把一昼夜分为 12 个时辰,每个时辰等于现代的两小时,子时是从夜间十一点到次日凌晨一点,丑时是从凌晨一点到凌晨三点,以此类推。辰时是从上午七点到九点,午时是从上午十一点到下午一点。故选 B。

4. D[解析]A 项，踏青、放风筝是清明节的习俗，剪窗花是春节的习俗，燃放灯火是元宵节的习俗。B 项，赏月是中秋节的习俗，佩茱萸、饮菊花酒是重阳节的习俗，猜灯谜是元宵节的习俗。C 项，插柳是清明节的习俗，贴春联是春节的习俗，赏菊花是重阳节的习俗，放孔明灯是一种地方习俗，用来祈福，各地燃放孔明灯的时节有所不同。D 项中四种民俗均是端午节的习俗。

5. A[解析]三皇五帝时期华夏族生活于今天的黄河流域。当时黄河泛滥，大禹受命治理黄河。

6. C[解析]A 项错误，纸上谈兵涉及的人物是战国时期的赵括，而城濮之战说的是春秋时期晋国和楚国的战争。B 项错误，卧薪尝胆指的是春秋时期越王勾践和吴王夫差的事情，而楚汉争霸的主人公是秦末的项羽和刘邦。C 项正确，淝水之战产生的成语故事有：投鞭断流、草木皆兵和风声鹤唳等。D 项错误，退避三舍是城濮之战产生的成语故事；巨鹿之战所产生的成语故事是破釜沉舟。

7. A[解析]刘三姐是民间传说的壮族人物，是古代民间传说歌手，她聪慧机敏，歌如泉涌，优美动人，有"歌仙"之誉。

8. A[解析]襁褓：不满周岁的婴儿。孩提：两至三岁幼儿。始龀：换牙时的小童。及笄：女子满十五岁。"笄"是古代妇女束发用的簪子，束发贯之以笄，表示已经成年。故选 A。

9. B[解析]"有志者事竟成，破釜沉舟，百二秦关终属楚"说的是秦朝末年项羽率领起义军在巨鹿破釜沉舟大败秦军的典故。"苦心人天不负，卧薪尝胆，三千越甲可吞吴"说的是春秋时期越王勾践卧薪尝胆、忍辱负重，最终战胜吴国的典故。

10. A[解析]①为春季的谷雨，②为秋季的白露，③为春季的惊蛰，④为夏季小满。根据二十四节气歌"春雨惊春清谷天，夏满芒夏暑相连，秋处露秋寒霜降，冬雪雪冬小大寒"可知，答案选 A 项。

第 12 天

1. B[解析]乐府诗《孔雀东南飞》和北朝民歌《木兰诗》合称为"乐府双璧"。这两首诗歌都是叙事长诗，以其深刻的社会思想意义和极高的艺术成就，为历代文人所推崇。

2. B[解析]1915 年，罗曼·罗兰获得诺贝尔文学奖，其获奖评语为："他的文学作品中的高尚理想和他在描绘各种不同类型人物时所具有的同情和对真理的热爱"。

3. B[解析]"字字看来皆是血，十年辛苦不寻常"原是对《红楼梦》一书的评价，现在也用来形容著书作文的艰辛。"文不甚深，言不甚俗"是蒋大器在《三国志通俗演义序》中对《三国演义》一书的称赞，评价其雅俗共赏。

4. C[解析]《悲惨世界》发表于 1862 年，该作品表现了人与社会的冲突，写出了社会制度对人的摧残。在作者序中，雨果写道："只要本世纪的三个问题——贫穷使男子潦倒，饥饿使妇女堕落，黑暗使儿童羸弱——还得不到解决；只要在某些地区还可能发生社会的毒害，换句话说，同时也是从更广的意义来说，只要这世界上还有愚昧和困苦，那么，和本书同一性质的作品都不会是无益的。"

5. B[解析]题干中的诗句出自唐代诗人白居易的《钱塘湖春行》，钱塘湖指杭州西湖。故本题选 B。

6. B[解析]《老人与海》是美国作家海明威在古巴写的一篇中篇小说。该作围绕一位老年古巴渔夫与一条大马林鱼的搏斗而展开故事的讲述，塑造了一个硬汉形象。"一个人并不是生来要被打败的，你尽可以把他消灭，可就是打不败他"就出自该小说。

7. A[解析]"满纸荒唐言，一把辛酸泪。都云作者痴，谁解其中味"出自我国古典文学名著《红楼梦》的开卷。意指全书都是由血泪交融而成；人们只会说作者太痴情了，又有谁能了解作者在写作时内心的千愁万苦呢？题干中的两句诗常被写文章的人用来抒发自己不为人知的满腹悲愤。故本题选 A。

8. D[解析]《荷马史诗》是欧洲文学史上最早的优秀文学巨著，它反映了古希腊史前时代的生活面貌，是研究希腊早期社会的重要文献。它独特精湛的艺术特色,对后世欧洲文学和世界文学的发展具有深远的影响。

9. A[解析]张天翼是中国现代儿童文学的拓荒者之一,他的成名作《大林和小林》奠定了我国长篇童话创作的基础,和叶圣陶的《稻草人》共同被认为是"新文化运动以来的关于童话的两个时期的杰作"。

10. A[解析]《人间词话》中提到的"三种境界"具体是:第一层境界"昨夜西风凋碧树,独上高楼,望尽天涯路";第二层境界"衣带渐宽终不悔,为伊消得人憔悴";第三种境界"众里寻他千百度,蓦然回首,那人却在,灯火阑珊处"。

第 13 天

单项选择题

1. B[解析]王羲之,字逸少,东晋时期书法家,其书法兼善隶、草、楷、行各体,自成一家,被世人称为"书圣",代表作有《兰亭集序》(也称《兰亭序》)。
2. B[解析]《高山》和《流水》是两首著名的古琴曲。
3. D[解析]《费加罗的婚礼》创作于 1786 年,是莫扎特众多歌剧作品中最为著名的一部,是其歌剧中的巅峰之作。
4. A[解析]八音是中国古代对乐器的统称,通常为金、石、丝、竹、匏、土、革、木八种不同材料所制。三弦为八音中的丝类乐器,ABCD 四个选项均有三弦,故可判断 A 项正确。
5. B[解析]波洛克,美国"行动绘画"的代表人物和创始人。他作画的过程是把画布绷在地板上,围着画布像跳踏舞步似的走动,用棍棒蘸上一些油漆,任其在画布上流淌。
6. C[解析]《蒙娜丽莎》《萨莫色雷斯的胜利女神》和《米洛岛的阿芙洛狄忒》被称为卢浮宫的镇馆三宝。
7. D[解析]南宋画家马远与夏圭因构图多截取一角或片断的不全之景,画面中留大块空白,世称"马一角""夏半边"。
8. C[解析]京剧中的脸谱,红色象征忠勇正义,如三国题材戏曲中的关羽;黑色表示性格严肃,如"包公戏"的包拯,也象征威武有力的武将;白色脸谱多象征奸诈多疑,如曹操、严嵩等形象。此外,京剧还有蓝色、紫色、金色等脸谱,分别象征不同的人物形象。
9. D[解析]雕塑《掷铁饼者》是米隆最具代表性的作品,它巧妙地表现出人在运动状态下以一足为重心形成的人体曲线美,被誉为"体育运动之神"。
10. A[解析]周昉是唐代著名的仕女画家,所画贵族妇女容貌端庄、体态丰肥,色彩柔丽,为当时宫廷士大夫所喜爱。他还擅画肖像、佛像,并在这方面形成了自己独特的艺术风格——水月体,所画菩萨以笔法柔丽、形象端严而闻名。唐代大臣张彦远在《历代名画记》中介绍他时说:"衣裳劲简,采色柔丽。菩萨端严,妙创水月之体。"
11. D[解析]霍去病墓石雕是西汉大型石雕中的代表作,代表了汉代陵墓雕塑艺术的突出成就,堪称"汉人石刻,气魄深沉雄大"的杰出代表。其中《马踏匈奴》是纪念性石雕中最具代表性的一件作品。
12. A[解析]汉字形体演变的大致过程是:甲骨文—金文—小篆—隶书—楷书—行书。因此,位于小篆和楷书之间的字体是隶书。
13. A[解析]《洛神赋》又称《洛神赋十三行》,是王羲之第七子王献之的小楷书法代表作。作品字体"体势秀逸,笔致洒脱",清朝杨宾认为其"字之秀劲圆润,行世小楷无出其右"。故答案是 A。
14. A[解析]"看大王在帐中和衣睡稳"选自京剧《霸王别姬》。

第 14 天

单项选择题

1. B[解析]页面视图具有所见即所得的效果,可以显示文档的打印结果外观,主要包括页眉、页脚、图形对象、分栏设置、页面边距等元素,是最接近打印结果的视图方式。"普通视图"可显示完整的文字格式,但简化了文档的页面布局。"大纲视图"可以方便地折叠和展开各种层级的文档。

"Web版式视图"以网页的形式显示文档,适用于发送电子邮件和创建网页。

2. D[解析]Ctrl + Alt + Del键在不同的操作系统中有不同的功能,但其目的都一样,即"为了立即终结电脑的异常状态"。按下Ctrl + Alt + Del键后,电脑屏幕上会出现一个界面窗口,在该界面上即可选择"任务管理器"选项进行相应操作。

3. D[解析]单击"格式刷",只可一次复制;双击"格式刷",则可多次复制。

4. D[解析]在Word表格的单元格中既可以输入文本,又可以输入图片和符号。

5. A[解析]黑客通常是指对计算机科学、编程和设计方面具有高度理解的人。

6. D[解析]在Word中,选择"绘图"—"叠放次序"可以使下层的图片移至上层。

7. D[解析]在PowerPoint幻灯片中插入的表格不能进行运算和排序操作。

8. D[解析]在Excel中,SUM为求和函数,"SUM(A1:A4)"表示A1到A4相加,所以D选项与题干中的公式等值。

9. C[解析]Word中的表格不可以实现分类汇总。

10. B[解析]在审阅Word文稿的过程中,审阅者若要对作者提出一些意见和建议,可通过插入Word批注的形式表达自己的意思。

11. A[解析]在Excel表中,若以正月开头,自动填充后,下面应接续显示二月、三月、……,需要以1月开头,自动填充后才能接续显示2月、3月、……,即在Excel表格中,自动填充的内容、格式要保持一致。故本题选A。

12. A[解析]"Delete"键,一般位于主键盘的右边,单独按它时,它只有一个功能,即删除光标后的字符。在表格列中按此键,会将被选定表格列里的内容清空,但表格仍然存在。

第15天

单项选择题

1. C[解析]题干中"教授"和"科学家"是交叉关系,即有的教授是科学家,有的科学家是教授,而与此关系一致的是C选项,即有的学生是运动员,有的运动员是学生。A项是种属关系,即图书包含英文书。B项为对应关系,昆明又被称为"春城"。D项是并列关系。

2. C[解析]该题要求得出"只有本地人当经理,才能把企业搞好"的否命题,即否定"本地人当经理",也可以得出"把企业搞好"。否定"本地人当经理",也就是不由本地人当经理。故选C。

3. B[解析]根据"1 = 4""2 = 8""3 = 24"可以看出规律:从第二个等式开始,每一个等式的前一个数字乘以前一个等式的后一个数字,构成本等式的后一个数字,即$4 \times 2 = 8$,$8 \times 3 = 24$,有$24 \times 4 = 96$。故选B。

4. C[解析]题干图形的规律是在原来各图形位置不变的基础上加入一个新图形。只有C项符合此规律。

5. C[解析]题干中李白和王维是唐朝诗人,属于逻辑中的复言命题,表达两个判断。A、B、D三项都是复言命题,与题干一致。C项苏洵、苏轼是父子,表达了个体判断,是直言命题,与题干不一致,故选择C项。

6. C[解析]元素组成相似,且相同线条重复出现,优先考虑样式规律中的加减同异。第一组图中,图1和图2求同得到图3;第二组图应用此规律,故?处应选择一个图1和图2求同得到的图形,C项符合。

7. D[解析]此题为分析推理题。甲和丙的话都涉及了甲和乙两人,由每人的陈述都只对一半可知,两人针对甲和乙的陈述必各有一半为真,则乙所说的甲当上了空姐为假,进而推出丙当上了公务员为真。则丙的后半句为假,前半句为真,甲当上了司机。甲的前半句为假,后半句为真,乙当上了空姐。故答案选D。

8. A[解析]此数列为等差数列,公差为8。故下划线处数字应为$22 + 8 = 30$。

9. A[解析]郁郁葱葱用来形容森林,二者是语法关系。A项,庄严肃穆用来形容法庭。B项,勤奋好学形容的是学生,不能是校园。C项,饕餮大餐指丰富的、大量的食物,不能形容餐桌。D项,嬉戏玩闹形容的是人,不能是公园。故本题选A。

10. B[解析]题干关系是事物与原材料的关系。高粱是制造白酒的原料之一,黄豆是制造酱油的原料之一。

11. D[解析]要得20分只能是答对两道题,答错两道题,不答两道题这么一种可能情况。A至多答对一道题,排除B项,至少三道没有答,意思是有三道或者三道以上没答,排除C项,至少答对三道,排除。D项正确。

12. D[解析]观察数字可知,前一项加1的和再乘以自然数位置等于下一项。即$(3+1)\times1=4$,$(4+1)\times2=10$,$(10+1)\times3=33$,有$(33+1)\times4=136$。故选D。

第16天

一、材料分析题(参考答案)

(1)"嗫嚅"指想说而又吞吞吐吐或不敢说出来或很小声地说。让文中的学生谈自己的获奖感言时,由于从来没有获得过这样的荣誉,所以他既激动又不好意思,因此他的表现是"嗫嚅"的。这个词是动作神态描写,也是一个细节描写,表现出了文中学生此时的心理活动状态和行为表现。

(2)"每一棵草都会开花"首先体现在自然界中,即使是像狗尾巴草、牛耳朵这样被人们认为没有价值的野草,也会开花;其次体现在教育过程中,意思是只要付出努力,每个人都可以成功,也提醒教师们,在教育教学的过程中,要用长远发展的眼光看待每一个学生,无论成绩好坏,都要使每个学生的身心得到发展。

二、写作题(参考范文)

1. **利人与利己**

中国古人说:"与人方便,就是与己方便。"这是非常朴素的道理。在浩瀚的海洋中,成群的小鱼和石斑鱼也懂得互利互助,小鱼因为跟在石斑鱼后面获得了保护,石斑鱼因为有小鱼替它刷牙,消除了身上的细菌;在夜间驾车时,将刺眼的远光灯换成柔和的近光灯,不仅为他人着想,也为自己消除了安全隐患。这些事例都在告诉我们一个道理:利己与利人并不矛盾。

布鞋品牌老板在做公益的同时,为自己赢得了发展的空间,让每一个买鞋的人都觉得自己买的并不仅仅是一双鞋,还送出了自己的一份爱心,利己的同时也在利人。生命就像是一种回声,你送出什么它就送回什么,你播种什么就收获什么,你给予什么就得到什么。只要你付出了,就会有收获。你对别人微笑,别人就会对你报以微笑;你帮助别人,别人也会帮助你。在生活中,我们要像布鞋品牌老板学习,做事既利人又利己。

智者懂得在利己的同时利人。在历史的长河中,有许多这样的事例,它们都生动诠释了利人与利己的概念。战国四君子之一的孟尝君用尽全部家财供养食客,在他危难之时,门客穷尽"鸡鸣狗盗"之术,帮助他脱困。汉朝开国皇帝刘邦礼贤下士,在众人的帮助下击败项羽,开创了大汉王朝数百年的基业。凡事以利人为先,方能达到人和,别人才会利己,自己才能成就人生大业。但小人利己却损人。秦桧为了私权,玩弄权术,以"莫须有"的罪名陷害岳飞,借皇帝之手拔掉了自己的眼中钉,小人只知利己损人,结果千百年来,他在岳飞的墓前,遭万人唾弃!为什么孟尝君能脱困,刘邦能开创大业,而秦桧却遭人唾弃?究其本质,区别在于他们以利己为先还是以利人为先。当今社会,凡事顾及别人,才有生存之道。在分工十分细化的社会,大家都是坐在同一条船上的人,只要任何一个环节出错,受损失的将是整船人。

除此之外,在与大自然共处时,我们人类也要做智者,在发展经济的同时保护好自然环境,实施可持续发展战略。这样才能和自然和谐共处,才能使人类得到长久发展。

利己与利人并不是对立的,它们可以统一起来,让我们学做智者,在利己的同时利人。让我们一起奔跑在绿茵场上,互利互助,携手同行,一起成长。

2. **深度阅读,丰富自我**

游戏娱乐时代的浮躁氛围使不少人丧失了对阅读的兴趣。莱昂纳多的《荒野猎人》火了,这又是电影带来的图书热。当下,观众阅读图书很多时候是在蹭热度,而不是因为图书本身的可读性。这就导致阅读是在一个很浅的层次上面,流于形式。对于读书,我们有许多种选择,或是仰之弥高,钻之弥坚;或是泛泛而读,略晓其义。我认为精读一遍胜过略读百遍。

天下熙熙,皆为利来;天下攘攘,皆为利往。然而,当一切归于沉寂,又有什么能带给我们一丝安慰呢?对,是书,书是炫目的先秦繁星,书是皎洁的汉宫秋月;书是珠落玉盘的琵琶,书是高山流水的琴瑟。书可以让我们诗意地栖息在天地之间,书可以让我们的灵魂找到归宿,书可以让我们穿越时空和古人促膝谈心。

每一本书,都有属于它的价值。读书不在多而在于精,在于细。只有反复揣摩,才能知其味、品其香。读书是一个由厚变薄,再由薄变厚的过程,也许我们会因为其中的一句话而被深深触动,反复理解,这也算是格物致知了。精读是"推""敲"不定的"月下门",精读是"吟安一个字"的"数茎须",精读是"来试人间第二泉"的"小团月"。书集聚了人类的智慧、知识,似一座宝塔在等待每一个人攀登。无限风光在险峰,读书越深入,才越能发现旖旎风光。

从孔子那里,我们可以读到"仁义礼智信"的真正含义;从雨果那里,我们可以读到"美就在丑陋旁边"的美丑对照原则;从曹雪芹那里,我们可以读到爱情的凄美和各色人性的原色。若是懂得读书,定会把它视为一种嗜好,若略晓其义即厌之,定是只了解皮毛,让其成为一辆空马车而已。马车越空,噪音越大。金玉其外,败絮其中。纸上谈兵者难道不是因为没有深入阅读领会而只知道简单背诵吗?邯郸学步、东施效颦的做法为人所笑,跟其未深入领会本质不无关联。

诸葛亮读书独观其大意的做法,我认为不是粗读,而是在无数精读积累的基础上,直入精髓的另一种深度阅读。而陶公好读书不求甚解,跟其大济苍生志向破灭后想麻醉自己的灵魂不无关联。若无韦编三绝的痴心醉读,哪来半部论语可治天下?哪来"天不生仲尼,万古如长夜"?哪来大成至圣先师?

书,可以启迪人生,只有全心投入,才能真正与作者心灵相呼,感受文化的气息。正如花蕾,沐浴着阳光的清香,含苞待放。真正热爱读书的人是最具智慧的人,因为他们吸收了书的精华,他们从书中体悟人生,感悟生命,他们从书中了解古今,丰富自我。

第二阶段　题型分类试卷

(本阶段共3天)

第17天

单项选择题

1. B[**解析**]素质教育是促进学生全面发展的教育,实施素质教育必须坚持德智体美劳全面发展,促进学生生动活泼地发展。图中该生的心理测验成绩不及格,但由于其学习成绩优异,仍把他当作优秀学生对待,只重智育,忽视心理健康的教育,这不利于学生的全面发展。
2. D[**解析**]题干中曾老师坚持让学生采用多种方法记录学习过程,并指导学生不断优化记录方法的教学行为充分体现了对学生自主性的尊重。
3. C[**解析**]王老师的话说明其注重学生的全面发展,而不仅仅只看重学生的成绩,这符合素质教育的理念。
4. B[**解析**]首先老师的做法侵犯了学生的尊严,面对学生的进步不仅不表扬,反而打击学生的信心,不相信成绩暂时落后的学生会有进步的可能。这是由于老师没有用发展的眼光看待学生。故该老师的做法忽视了学生是处于发展过程中的人。
5. A[**解析**]根据《中华人民共和国未成年人保护法》第五十三条规定,"父母或者其他监护人不履行监护职责或者侵害被监护的未成年人的合法权益,经教育不改的,人民法院可以根据有关人员或者有关单位的申请,撤销其监护人的资格,依法另行指定监护人。被撤销监护资格的父母应当依法继续负担抚养费用"。题干中林某虽然被撤销监护人资格,但仍需继续负担抚养费。

6. D[解析]根据《中华人民共和国义务教育法》第十四条规定,根据国家有关规定经批准招收适龄儿童、少年进行文艺、体育等专业训练的社会组织,应当保证所招收的适龄儿童、少年接受义务教育;自行实施义务教育的,应当经县级人民政府教育行政部门批准。

7. C[解析]根据《中华人民共和国预防未成年人犯罪法》第四十九条规定,未成年人的父母或者其他监护人不履行监护职责,放任未成年人有本法规定的不良行为或者严重不良行为的,由公安机关对未成年人的父母或者其他监护人予以训诫,责令其严加管教。

8. D[解析]根据《学生伤害事故处理办法》第九条规定,学校教师或者其他工作人员在负有组织、管理未成年学生的职责期间,发现学生行为具有危险性,但未进行必要的管理、告诫或者制止,因此而造成的学生伤害事故,学校应当依法承担相应的责任。第十条规定,学生违反法律法规的规定,违反社会公共行为准则、学校的规章制度或者纪律,实施按其年龄和认知能力应当知道具有危险或者可能危及他人的行为,因此而造成的学生伤害事故,学生或者未成年学生监护人应当依法承担相应的责任。题干中,小学生陈某的行为是导致学生武某受伤的主要原因,事故主要责任由陈某的监护人承担。教师没有制止学生的不当行为,并且在事故发生后未及时将武某送医院检查,故学校也需要承担一定责任。

9. B[解析]根据《中华人民共和国教育法》第七十三条规定,明知校舍或者教育教学设施有危险,而不采取措施,造成人员伤亡或者重大财产损失的,对直接负责的主管人员和其他直接责任人员,依法追究刑事责任。该学校明知正在拆除的教学楼有危险,却仍没有将其防护起来,导致学生重伤,根据法律规定,应对直接负责的主管人员和其他直接责任人员,依法追究刑事责任,故该题选 B。

10. B[解析]根据《中华人民共和国教育法》第九条规定,中华人民共和国公民有受教育的权利和义务。公民不分民族、种族、性别、职业、财产状况、宗教信仰等,依法享有平等的受教育机会。题干中的琳琳拥有中国国籍,是中国公民,因此琳琳依法享有我国义务教育规定的权利及义务。

11. A[解析]根据《中华人民共和国教师法》第七条规定,教师拥有"从事科学研究、学术交流,参加专业的学术团体,在学术活动中充分发表意见"的权利。本材料中并没有表明该教师有任何影响工作的行为,所以,在不影响教育教学工作的前提下,教师可参加有关学术交流活动,参加有关学术团体并在团体中兼任职务。故该校的做法是不正确的,侵犯了教师的学术研究权。

12. A[解析]根据《中华人民共和国义务教育法》第二十二条规定,县级以上人民政府及其教育行政部门应当促进学校均衡发展,缩小学校之间办学条件的差距,不得将学校分为重点学校和非重点学校。学校不得分设重点班和非重点班。题干所述违反了《中华人民共和国义务教育法》。

13. C[解析]《中小学教师职业道德规范》(2008年)中的"关爱学生"要求教师关心爱护全体学生,尊重学生人格,平等公正对待学生。题干中老师处理问题的方式过于简单粗暴,容易伤害学生的自尊心,不利于良好师生关系的构建。

14. B[解析]教师必须树立终身学习的观念,不断在读书学习中拓宽知识视野,更新知识结构。只有这样,教师才能具有常流常新的活水。

15. B[解析]在教育过程中教师要与家长平等沟通,但不能对于学生的任何问题都找家长,要具体问题具体分析。

16. C[解析]"关爱学生"要求教师关心爱护全体学生,尊重学生人格,平等公正对待学生。对学生严慈相济,做学生的良师益友。保护学生安全,关心学生健康,维护学生权益。题干中苏老师"注意观察张刚,跟他聊天""经常开导他,帮助他从悲伤中走了出来"等都体现了苏老师细心观察适时捕捉教育契机以及关爱学生的教师职业道德规范。

17. A[解析]《世界记忆遗产名录》收编的是符合世

界意义入选标准的文献遗产,是世界记忆工程的主要名录。它是世界文化遗产保护项目的延伸,侧重于文献记录,包括博物馆、档案馆、图书馆等文化事业机构保存的任何介质的珍贵文件、手稿、口述历史的记录以及古籍善本等。由此可知,A项正确、D项错误。B项属于文化遗产,不符合题意。昆曲在2001年被联合国教科文组织列为"人类口头和非物质遗产代表作",2008年正式列入"人类非物质文化遗产代表作名录",昆曲属于非物质文化遗产,不符合题意。

18. D[**解析**]农历八月十五日为中秋节,与春节、清明节、端午节并称为中国四大传统节日。

19. B[**解析**]"数九"一般从冬至那一天开始数起,每九天是一个时段,即一个"九",如此经过九个时段,即为九个"九",刚好八十一天,即"出九"。数九的习俗很多,以"九九歌"流传较为广泛,它生动形象地记录了冬天的气候、物候变化情况,同时也表现了农事活动的一些规律。

20. A[**解析**]古代帝王、诸侯、卿大夫、高官重臣等死后,朝廷根据死者生前事迹给予一种称号以褒贬善恶,这种称号即为谥或谥号。谥号有"文""武""景""厉""哀"等,以"武"为谥号的有汉武帝刘彻、魏武帝曹操等。年号是中国古代封建皇帝用以纪年的名号,如"建元"即是汉武帝的年号。庙号是皇帝死后,在太庙立室奉祀时特起的名号,如"高祖""太宗"等。尊号始于唐代,大多是帝王生前奉上的,一般都是谀美赞颂之辞。

21. D[**解析**]《吕氏春秋》是在秦国丞相吕不韦主持下,集合门客们编撰的一部黄老道家名著。它是中国历史上第一部有组织、按计划编写的文集,成书于秦始皇统一中国前夕。而秦朝治国的指导思想是法家思想。故选D。

22. A[**解析**]"千载琵琶作胡语,分明怨恨曲中论"说的是西汉时期的王昭君;"江东子弟多才俊,卷土重来未可知"说的是秦朝末年的项羽;"三分割据纡筹策,万古云霄一羽毛"说的三国时期的诸葛亮;"一骑红尘妃子笑,无人知是荔枝来"说的是唐朝的杨贵妃。因此,以上历史人物出现的顺序是②①③④。

23. A[**解析**]莎士比亚的"四大悲剧"指的是《哈姆雷特》《奥赛罗》《李尔王》和《麦克白》。

24. A[**解析**]霍去病墓石刻包括马踏匈奴、卧马、跃马、卧虎、卧象、石蛙、石鱼、野人、卧牛、人与熊、野猪、石蟾等14件,另有题铭刻石两件。马踏飞燕是东汉青铜器,说唱俑是东汉雕塑。

25. B[**解析**]《音乐之声》是美国百老汇的一部著名音乐剧,由理查德·罗杰斯作曲,奥斯卡·汉默斯坦二世作词,取材于1938年发生在奥地利的一个真实的故事。1965年,《音乐之声》被搬上电影大银幕,荣获多项奥斯卡奖项。本题选B。

26. A[**解析**]在Word中,剪切和复制的内容都将保存到剪贴板上,因此这7次操作的内容将被保存在剪贴板上。用户可通过剪贴板窗格查看这7次操作的内容。但是,在进行粘贴时,粘贴的是最后一次操作放入剪贴板的内容。

27. A[**解析**]在Excel工作表中,日期型数据中的年、月、日之间要用"/"或"-"作为分隔符号。

28. D[**解析**]依据题干可知,"四季"与"春夏秋冬"是全同关系。D项,"四方"就是"东南西北",二者是全同关系,答案为D项。AB两项均是包含关系,"情绪"包含"喜怒哀乐","颜色"包括"赤橙黄绿";C项,"早上"和"中午"是并列关系。

29. A[**解析**]此数列为等比数列,公比为6,即$1\times6=6$,$6\times6=36$,$36\times6=216$,$216\times6=1296$,故空缺处数应为1296。

第18天

材料分析题(参考答案)

1. 材料中教师的做法违背了素质教育的内涵,我们要引以为戒。

首先,素质教育是面向全体学生的教育。素质教育倡导人人有受教育的权利。材料中,老师只关注"回答恰当"的学生,而忽视了其他提出疑惑的同学甚至变相不准学生发问。这样的做法挫伤了学生学习的积极性,会影响学生的长远发展。

其次,素质教育是以培养创新精神和实践能力为重点的教育。培养具有创新精神和实践能力的新一代人才，是素质教育的时代特征。创新教育是素质教育的核心，它是教育对知识经济向人才培养提出的挑战的回应，是旨在激发学生创新意识、培养学生创新能力的教育。材料中，该老师对于学生发散性的思维没有好好予以回应，而是认为这些问题扰乱了自己的教学过程，并且认为学生只有在老师提问时才能举手等，这些都体现了该教师阻碍了学生创新精神的发展，打消了学生学习的积极性，不利于学生创新精神和实践能力的培养。

因此，作为教师，我们要践行素质教育的理念，坚持以人为本，面向全体学生，培养学生的创新精神和实践能力。

2. (1)材料中的教师们对素质教育的认识存在误区。

(2)王老师的认识是对素质教育形式化的误解。素质教育是我国全面发展教育在新的形势下的体现，它一方面体现了新形势对教育的要求，另一方面也符合教育的本质要求。教育培养人的基本途径是教学，学生的基本任务是在接受人类文化精华的过程中获得发展。这就决定了素质教育的主渠道是教学，主阵地是课堂。

(3)李老师的看法是对考试的误解，考试包括百分制考试本身没有错，要说错的话，就是应试教育中使用者将其看作学习的目的。考试作为评价的手段，是衡量学生发展的尺度之一，也是激励学生发展的手段之一。

3. 崔老师的教育行为是恰当的，遵循了“以人为本”学生观的相关要求，值得其他老师学习。

(1)“以人为本”的学生观认为学生是发展的人，具有巨大的发展潜力。材料中，崔老师放手让学生做，作文课让学生自主阅读，并沟通交流阅读感想，最终完成作文。学生们还一起想创意、亮点，通过这些实践锻炼不断地成长进步。

(2)“以人为本”的学生观认为学生是独特的人，具有自身的独特性。材料中，班级学生自主评选班级之星，每名学生都被评上了“星”，展现出了学生各种各样不同的风采。

(3)“以人为本”的学生观认为学生是具有独立意义的人，是不以教师意志为转移的客观存在。材料中，崔老师将学校宣传栏的各项工作都交给了学生，让学生们集思广益，尊重学生们的想法，并督促学生们要有创意、有亮点，自己从旁指导，充分发挥了学生的主观能动性。

因此，作为一名教师应该向崔老师学习，不包办代替，相信学生的能力，放手让学生自己去做，充分发挥学生的聪明才智，做到“一切为了学生的发展”。

4. 陆老师的做法值得肯定，符合新课程改革背景下“以人为本”学生观的具体要求。

(1)“以人为本”的学生观强调学生是有发展潜力的，是发展中的人。材料中，针对孙凯上课心不在焉的情况，陆老师没有武断地认为是不遵守课堂纪律的表现并直接去批评孙凯，而是通过调查了解详情，给他发展和提升的机会。

(2)“以人为本”的学生观强调学生是独特的人。材料中，对于孙凯在地理方面的特殊才能，陆老师做到了尊重学生差异性，采用集体教育和个别教育相结合的办法，教学既面向全体学生，又注重个别差异。

(3)“以人为本”的学生观强调学生是学习的主体，是具有独立意义的人。材料中，陆老师亲自指导孙凯，改变了他的学习方向、进程、内容、质量、结果，增强了他学习主动性的发挥，促进他自主学习。

作为一名教师，要充分实践以人为本的学生观，把学生看成发展中的人、独特的人、具有独立意义的人，促进学生的综合发展。

5. 材料中王老师的做法恰当合理，符合新课程改革背景下教师观的要求。

首先，从教师与学生的关系看，教师是学生学习的促进者。教师应当在教学中注重培养学生的自主学习能力，激发学生的学习动机。材料中，王老师会邀请学生上讲台讲课，这种方式不仅掀起了学习热潮，还锻炼了学生的自主学习能力，对学生的长远发展起着积极作用。

其次，在对待师生关系上，新课程强调尊重、赞赏。教师应当尊重每一位学生，赞赏每一位学生。材料中,王老师非常有耐心地讲解课程,直到每一个同学都明白,课余时间还为成绩差的同学补课,说明王老师对待每一个同学都能做到一视同仁、耐心教导。

最后,在对待教学关系上,新课程强调帮助、引导。教学的本质在于引导,引导学生思维,引导学生做人。材料中,王老师在课堂上没有采取“满堂灌”“一言堂”的方式,而是引导学生自己上台“讲解”。在生活上王老师也能做到以身作则,为学生树立良好的榜样。

因此,作为教师,我们要践行新课改背景下的教师观,要尊重和赞赏学生,引导学生思考,促进学生丰富知识和健康成长。

6. 材料中该教师的做法非常机智,符合新课程改革背景下的教师观,值得学习。

首先,从对待师生关系上看,新课程强调尊重、赞赏。尊重学生同时意味着不伤害学生的自尊心。教师应努力做到:不体罚学生,不辱骂学生,不大声训斥学生,不冷落学生,不羞辱、嘲笑学生,不随意当众批评学生。教师不仅要尊重每一位学生,还要学会发现学生的闪光点,学会赞赏每一位学生。材料中的老师发现学生不认真听课而是传纸条时,没有对学生狠心批评,而是发挥教育机智,幽默化解,言谈举止中体现出教师对学生的尊重。

其次,在对待自我上,新课程强调反思。教学反思被认为是“教师专业发展和自我成长的核心因素”。新课程非常强调教师的教学反思。材料中的老师在面对学生的错误时,能够通过思考,及时调整自己,用一种好的方式化解了课堂危机,充分体现了教师要具有反思意识。

因此,作为新时代的教师,教学行为要符合新课改背景下的教师观,在教学过程中做到尊重、赞赏学生,并不时地反思自己的做法,这样不仅能提高课堂教学效率,更能促进学生健康成长。

7. (1)材料中这位教师的做法很好,值得借鉴。

(2)该老师的做法符合关爱学生的职业道德要求,关爱学生要求教师要关心爱护全体学生,尊重学生人格,平等公正对待学生。对学生严慈相济,做学生的良师益友。保护学生安全,关心学生健康,维护学生权益。不讽刺、挖苦、歧视学生,不体罚或变相体罚学生。材料中的教师并没有因为学生成绩不好,不会回答问题而批评学生,而是在不伤害学生的情况下与学生“定下了君子协议”,这是“关爱学生”的表现。

(3)该老师的做法符合教书育人的职业道德要求,教书育人要求教师要遵循教育规律,实施素质教育。循循善诱,诲人不倦,因材施教。培养学生良好品行,激发学生创新精神,促进学生全面发展。不以分数作为评价学生的唯一标准。材料中教师能够对学生上课举手适时给予引导,激发学生的兴趣和潜力,与其一起寻找合理的解释,让学生在思考中学会知识,体现了教书育人的教师职业道德要求。

因此,作为教师,我们要遵守教师职业道德规范,关心爱护全体学生,因材施教,促进学生全面发展。

8. 田老师的做法符合教师职业道德的要求,值得我们学习。

(1)田老师的行为符合为人师表的职业道德的要求,为人师表要求教师要处处以身作则,身正为范。材料中,面对学生劳动意识淡薄的情况,田老师没有单纯用语言进行说教,而是以身作则,带头清理,提升了学生的卫生意识和劳动积极性。

(2)田老师的行为符合教书育人的职业道德要求,教书育人要求教师要培养学生的道德品质。关心学生的心理健康,促进学生的全面发展。材料中,田老师面对小东的适应问题,其他同学卫生意识淡薄、劳动积极性差等问题,积极开展教育,取得了良好的效果。

(3)田老师的行为符合关爱学生的职业道德要求,关爱学生要求教师关心爱护全体学生,关心爱护学生的人格和尊严。材料中,面对弱势的小东,田老师非但没有歧视,反而给予小东更多的关心爱护,促进了小东的发展。

因此,作为教师,要遵守教师职业道德,关心爱护全体学生,做学生的良师益友,促进学生全面健康发展。

9. (1)哲学的根本特征在于它是思想的一种"元"思想,"元"的意思是思想观念后面所进行的"更进一步"的反思性思想或者奠基性思想;哲学怀着"平常心",有着"异常思"。思考的虽然是一些很平常很普通的问题,但是思考角度和方式超凡脱俗、异乎寻常。

(2)哲学的用处如下:①哲学让人见到思想的世面,让人的思想变得大气而不小气;②人类思想总是自然而然地产生出哲学问题,当思想深入到一定的层次,哲学就成为必需的。哲学使人们的思想更健全;③哲学使我们对思想观念进行"更进一步的研究",通过这些研究可判断思想观念的意义和价值,好知道该不该相信这些思想观念;④哲学是面向思想本身的,是思想对思想自身的解释,是一切思想的思想,哲学可为一切重要观念的合理性给出证明;⑤哲学的方法使人们获得超出知识范围的智慧,这些智慧改变着、塑造着人类的整个思想风格和结构;⑥哲学往往以某种与普通思想不同的方式重新思考问题,能开拓更多的思想可能性。

10. (1)因为"美术片"准确反映了中国动画特殊的创作观念,动画片就是借鉴中国传统美术,如绘画、民间工艺等的造型观念、空间概念、绘画技法进行创作的影片。

(2)①中国动画对传统的继承不仅表现为形式,还有对其美学观念和哲学理念的继承。认为"中国风格"过时了的人,其实并不真正了解"中国风格"。②"中国风格"的动画一直在传承、发展、弘扬中华文化。③中国动画能够抓住机遇,打造既有传统"中国风格"、又符合时代需求的新的"中国学派",创造新的动画精品,以迎接中国动漫产业发展高峰的到来。

综上所述,中国动画的"中国风格"没有过时。

第19天

写作题(参考范文)

1. **老马未必识途**

"老马识途",出自《韩非子·说林上》,比喻有经验的人对事情比较熟悉。话说,春秋时期,齐国大军迷失在燕国的崇山峻岭之中,危急关头,管仲解开几匹老马的缰绳让它们引领军队前行,终于走出困境,这就是"老马识途"的典故。展开想象的翅膀,如果茂密的树林变成密集的高楼,往来的车马变作疾驰的高档轿车,山野村妇变作摩登女郎,那老马们岂不是要晕头转向,不知所措,找不着东西南北了呢?当它们对周遭事物的嗅觉及灵敏度消失时,迷失方向的老马会如走失的孩童一般无助,可见,老马的"识途"对环境的依赖性还是很强的,是需要有一定条件的。

现实中,多少人"引经据典",又有多少人因循守旧?人民艺术家老舍先生在《茶馆》里说过"谁敢改祖宗的章程,谁就掉脑袋!"每次读到此处,我都会陷入思考当中。我们总会在自己固定的思维里兜圈子,画地为牢,被僵化的思维囚禁于陈规旧说之中,如此一来就如同一条条被定在模式框框里的咸鱼,很难翻身。

我喜欢逛早市,熙攘的人群中,你会被路边小贩的吆喝吸引,然而他面前的一双双鞋子,样式老旧,价格低廉,很难被销售出去。缺乏创新,就意味着灵感的缺失,也就意味着失去了一把通往成功的钥匙。创新才能生存,它不仅仅折射出生产者的睿智,更隐藏着兴衰更替的规律。有创新的地方总会有新商机,这是商人们普遍的想法。成功来源于对现实世界的捕捉和习惯性思维以外的畅想,这便诠释了灵感与创新的真谛。

创新是一个民族进步的灵魂,是国家兴旺发达的不竭动力。如果自主创新能力较弱,一味靠技术引进,就永远难以摆脱技术落后的局面。一个没有创新能力的民族,难以屹立于世界先进民族之林。残酷的现实告诉我们:我们必须积极进取,勇于开拓,争当新世纪的创新人才。我们要学习"杂交水稻之父"袁隆平的创新之举,他的创新是基于长期从事杂交水稻育种理论研究和制种技术实践。我们要勇于打破僵化的、固有的思维方式,拒绝墨守成规。这并非是对前人的亵渎,而是一种思维的延绵与创新。

原有的思维定势与前人的经验不会一直给

我们指明正确的方向,我们需要的是一种创新思维,要敢于打破现实,走出困境。为了避免一生碌碌无为,让我们告别乏味,释放灵感,大胆创新,看吧,前方晨曦已现。

别迷信老马,老马未必识途。

2. **遵守规则,敬畏规则**

没有规矩,不成方圆,这"规矩",便是事物发展的规则。规则不是法律条文,不需要明文规定,却能规范人们的一言一行。从为人处世应尊老爱幼、顾全大局,到日常生活中应自觉排队,都是规则意识的引导。"红绿灯下显素质,黄白线上彰文明",这是交通规则;公平竞争、不搞暗箱操作,这是商业规则。从长远看,只有遵守规则才能收获幸福,享受人生。而那些不遵守规则者,那些急功近利、投机取巧者短期虽能见利,但最终必遭到人们唾弃,折戟沉沙。

狼孩在回到人类社会后,尽管有专门的人教育他,但他仍旧会遵守动物社会的生存规则。比如吃饭时,他会为了保护食物而表现出十足的警惕,想要什么东西时,直接扑上去争抢。这一切都是他幼时不得不遵守狼的生存规则所致。因为这些规则早已化为习惯融入他的生命,无论他是否处于这个社会,他都会去遵守。

中国式教育,让中国成为世界上孩子近视率最高的国家。狼爸、虎妈式教育,不是关注孩子,而是管住孩子,关住孩子。逼迫孩子在各种辅导班之间赶场,扼杀孩子爱玩的天性,捆住孩子自由飞翔的翅膀,束缚孩子"异想天开"的思想,这样不遵守规则的教育,让中国孩子成为世界上最缺乏想象力的孩子。这和方仲永父亲强行带着他卖诗,导致他泯然众人有何区别呢?

很多人很多时候都急于求成,全然不顾规则,到头来,只能吞下自己酿的苦果。大跃进时期,人们眼中只有"多"和"快",却忽略了"好"和"省"。可见规则高于效率。规则无论大小,都不会是完美的。规则,不可能是面面俱到、无一纰漏的。因此,我们不能做规则的"钻空者"。投机取巧不会得来所谓的"自由",反而会给自己带来严重的后果。规则,不可能是感性的,它不会考虑每个人的感受。我们不能做规则的"篡改者",不要试图为自己找理由辩解。我们更不要做规则的"触犯者",明知规则却要违反。

规则不是为了束缚人而存在,它不是对我们的故意刁难,它是对规则意识淡薄的人的一种鞭策。不积跬步,无以至千里;不积小流,无以成江海。如果每个人都遵守规则,我们的社会必将变得更加井然有序,我们的生活必将变得更加和谐美好。

第三阶段 模拟试卷

(本阶段共2天)

第20天

模拟试卷(一)

一、单项选择题

1. B[**解析**]教师之间要做到:互相尊重,切忌嫉妒;相互学习,取长补短;平等相待,不卑不亢;乐于助人,关心同事。题干中夏老师工作努力、教学能力强,这些优点是值得赞扬的,但他对教学能力差的同事不屑一顾,没有做到尊重理解、团结互助。夏老师应该反思"一些老师不愿意搭理他"的原因,改善与同事的关系。
2. C[**解析**]素质教育是促进学生全面发展的教育。学校教育不仅要抓好智育,更要重视德育,还要加强体育、美育、劳动技术教育和社会实践,使诸方面的教育相互渗透、协调发展,促进学生的全面发展和健康成长。题干中赵老师将体育课换成自习课,只重视学生的智育,忽视了学生其他方面的发展,这不利于学生全面发展。
3. B[**解析**]冰心的话说明教师应该把学生看作是发展过程中的人,学生具有巨大的发展潜能。
4. D[**解析**]在对待师生关系上,新课程强调尊重、赞赏。陈老师鼓励的话语既起到了教育学生的作用又不至于让学生自尊心受到伤害,同时用发展的眼光看待学生,有利于促进学生的发展。老师只采用了评语评价,这是定性的评价方法,没有使用定量评价,所以D项错误。

5. B[解析]根据《中华人民共和国未成年人保护法》第六十六条规定，“营业性歌舞娱乐场所、互联网上网服务营业场所等不适宜未成年人活动的场所允许未成年人进入，或者没有在显著位置设置未成年人禁入标志的，由主管部门责令改正，依法给予行政处罚”。

6. C[解析]《中华人民共和国义务教育法》第十三条规定，“居民委员会和村民委员会协助政府做好工作，督促适龄儿童、少年入学”。因此对于雯雯的父母，当地居委会可做好协助工作，督促他们送雯雯接受义务教育。

7. A[解析]教师具有获取报酬待遇权，获取报酬待遇权即按时获取工资报酬，享受国家规定的福利待遇以及寒暑假期的带薪休假的权利。这是教师的基本物质保障权利。产假是国家规定的福利待遇，学校的做法不合法，侵犯了教师的权利。

8. D[解析]根据《中华人民共和国教育法》第七十八条规定，学校及其他教育机构违反国家有关规定向受教育者收取费用的，由教育行政部门或者其他有关行政部门责令退还所收费用；对直接负责主管人员和其他直接责任人员，依法给予处分。该学校向学生收取空调使用费的做法是不合理的，学校及其他教育机构不得违反国家有关规定向受教育者收取费用。

9. B[解析]我国《教育法》规定，受教育者享有“参加教育教学计划安排的各种活动”的权利。在教育教学中，学生有权参加教学计划安排的授课、讲座、课堂讨论、观摩、实验、实习和考试等活动。题干中的校领导让学生停课的做法不合法，侵犯了学生的受教育权。

10. D[解析]根据《中华人民共和国未成年人保护法》第六条规定，对侵犯未成年人合法权益的行为，任何组织和个人都有权予以劝阻、制止或者向有关部门提出检举或者控告。因此D项正确。

11. C[解析]根据《中华人民共和国预防未成年人犯罪法》第三十五条规定，对未成年人送工读学校进行矫治和接受教育，应当由其父母或者其他监护人，或者原所在学校提出申请，经教育行政部门批准。

12. C[解析]根据《学生伤害事故处理办法》第十三条规定，下列情形下发生的造成学生人身损害后果的事故，学校行为并无不当的，不承担事故责任；事故责任应当按有关法律法规或者其他有关规定认定：(一)在学生自行上学、放学、返校、离校途中发生的；(二)在学生自行外出或者擅自离校期间发生的；(三)在放学后、节假日或者假期等学校工作时间以外，学生自行滞留学校或者自行到校发生的；(四)其他在学校管理职责范围外发生的。本题中学校没有过错，无须承担赔偿责任。

13. A[解析]题干中孙老师的做法表明他只注重学生的考试成绩，忽视了学生其他方面的表现，单纯以量化的分数标准评价学生，违背了《中小学教师职业道德规范》(2008年)中的“教书育人”的要求。

14. D[解析]为人师表要求教师要衣着得体，该老师显然违背了这一要求。

15. C[解析]廉洁从教要求教师坚守高尚情操，发扬奉献精神，自觉抵制社会不良风气影响。不利用职责之便谋取私利。题干中教师因为没有收到学生礼物，居然训斥学生，违背了廉洁从教的职业道德规范。故选择C。

16. B[解析]“团结协作”要求教师与同事要搞好团结，相互理解、相互支持。钱学森的话强调了教师要团结集体的力量，建立团结协作的工作氛围。

17. D[解析]李约瑟为英国近代生物化学家和科学技术史专家，其著作《中国科学技术史》对现代中西文化交流影响深远。

18. A[解析]唐朝的张旭，人称“草圣”。题干中诗句的意思是张旭三杯酒醉后，豪情奔放，绝妙的草书就会从他笔下流出。他无视权贵的威严，在显赫的王公大人面前，脱下帽子，露出头顶，奋笔疾书，自由挥洒，笔走龙蛇，字迹如云烟般舒卷自如。

19. D[解析]小提琴协奏曲《梁祝》是以我国家喻户晓的民间故事《梁山伯与祝英台》为题材，以越剧里的部分曲调为素材写成的一首单乐章标题协奏曲。

20. C[解析]“福船”自1974年在福建泉州湾后渚港出土以来，一直保存在泉州海外交通史博物馆位于开元寺的古船陈列馆中。联合国教科文组织认定泉州为“海上丝绸之路”的起点，泉州宋船就是重要物证。这条古船是当之无愧的“海上丝路”见证者。

21. B[解析]第二次鸦片战争中，英法联军从天津一路烧杀攻入北京，闯进圆明园。这里富丽堂皇的建筑和琳琅满目的珍宝让侵略者惊呆了。他们争先恐后掠夺珍宝，抢不走的东西就砸碎，为掩人耳目，他们又放火焚烧。故选B项。

22. A[解析]郑成功收复了台湾。这副对联称颂的就是郑成功打败荷兰殖民者，收复台湾的英雄事迹。

23. C[解析]张仲景的著作《伤寒杂病论》是中医四大经典之一，它系统总结了汉朝及其以前的医学理论和临床经验，建立了一整套辨证治疗的医疗原则，奠定了我国中医治疗学的基础。在《伤寒杂病论》中，张仲景还创造了世界医学史上的三个第一，即：首次记载了人工呼吸、药物灌肠和胆道蛔虫治疗方法。

24. D[解析]法国作家莫里哀在《悭吝人》中塑造的阿巴贡，俄国作家果戈里在《死魂灵》里塑造的泼留希金，英国作家莎士比亚在《威尼斯商人》中塑造的夏洛克，以及法国作家巴尔扎克在《欧也妮·葛朗台》中塑造的葛朗台，是西方文学史上最著名的四大吝啬鬼形象。《叶甫盖尼·奥涅金》是俄国诗人普希金撰写的长篇诗体小说，作品的主人公叶甫盖尼·奥涅金是俄国贵族青年。

25. C[解析]《黄河大合唱》包括《黄河船夫曲》《黄河颂》《黄河之水天上来》《黄水谣》《河边对口曲》《黄河怨》《保卫黄河》《怒吼吧，黄河》这八个乐章。

26. B[解析]Ctrl + Z表示撤销上一步的操作。Shift + F10可以打开快捷菜单。Ctrl + A表示全选整个文档。Alt + F4表示关闭当前项目或者退出当前程序。

27. B[解析]在Excel中，单元格区域的表示方法是由左上角单元格和右下角单元格的单元格地址，中间用英文冒号连接表示，如A1: C5，B3: E10等，以单元格C5、N5、C8、N8为顶点的单元格区域应表示为C5: N8。

28. B[解析]从题干四个人说的话可以判断乙和丁的话是矛盾的，必有一真一假，那么其他两人说的均为假话，由甲说的话为假话可推出是甲捐的，进而可知丁说的是真话。

29. B[解析]由题中数列可知，相邻两数的差为“5、7、11、13”。即构成一个质数数列，因此下划线处的数字为$17+38=55$。

二、材料分析题(参考答案)

30. 材料中陈老师的做法遵循了以人为本的学生观，是值得赞扬的。

(1)学生是发展的人，要用发展的观点认识学生。材料中的陈老师在王春回答不出来问题时，没有批评他，反而鼓励他，最后王春克服胆怯能上台发言了，体现了学生是发展中的人。

(2)学生是独特的人。每个学生都是不一样的个体，具有自身的独特性。材料中的陈老师针对王春胆怯的特点，鼓励他发言，做到了因材施教，体现了学生是独特的人。

(3)学生是具有独立意义的人。每个学生都是独立于教师的头脑之外，不以教师的意志为转移的客观存在，学生是学习的主体。材料中的陈老师在提出问题后，先让学生组内讨论，并且还给学生推荐很多书目等，提高了学生学习的积极性和主动性，体现了学生是具有独立意义的人。

综上所述，陈老师践行了以人为本的学生观，促进了学生的发展。

31. 该教师的行为符合教师职业道德要求，值得我们学习。

(1)该教师的行为体现了关爱学生的职业道德。关爱学生强调教师要关心爱护全体学生，尊重学生人格，做学生的良师益友。材料中，教师对学生出现的紧张和不知所措，并没有批评侮辱，而是用温暖的语言去鼓励学生，给予学生情感上的支持，最终帮助学生燃起学习的希望。

(2)该教师的行为体现了教书育人的职业道德。教书育人强调遵循教育规律，实施素质教育。循循善诱，诲人不倦，促进学生全面发展。材料中，教师不但对学生的学习启发诱导，还给予了学生学习的信心和动力，促进了学生的发展。因此，作为教师，要遵守教师职业道德，关心爱护学生的人格和身心健康，促进学生全面发展。

32. (1)观众失去了文化的共鸣，历史文化也在被切割、破坏和颠覆(给历史文化带来灾难)；推助了急功近利、唯利是图的社会风气，加剧了好大喜功、铺张浪费的官场恶习；留下了沉重的文化欠债和社会成本。

(2)①利益驱动，能带来可观的经济效益；②地方政府以此作为面子工程，官员以此为自己捞取政绩而推波助澜；③有光大传统、发展文化的考量。

三、作文题(参考范文)

33. 多多益善?

我国古代著名的医学家陶弘景认为巴豆最能泻人，是一种泻药。明朝时期的著名医药学家李时珍在经过试验后发现：巴豆的使用剂量过大可以引起严重腹泻，如果剂量轻却能治疗腹泻。李时珍用这个方法治愈了众多的腹泻病人。孔子说过“过犹不及”，意思是事情做过了头就好像做得不够一样，自然也就达不到想要的目的，无法真正地益善了。农民甲和农民乙同样种植玉米。农民乙因为担心会浪费掉玉米之间的土地，就竭力地缩小行距和株距，并且每穴还留下两棵玉米。这种只讲究多多益善，不遵循自然规律、不讲究适度原则的做法，不但没有换来丰收，反而导致颗粒无收。

多多并不能永远益善，遵循规律的适度才是我们做事要遵循的准则。

正是有了地球和太阳之间恰到好处的距离，才使地球成为特殊的、有生命的星球；正是因为查干湖冬捕时渔网的六寸间隔，才使这里的渔民千百年来渔猎不绝。人类受惠于适度，自然也要求人类践行适度。中华传统文化中倡导的中庸之道何尝不是一种体现？从“猎杀不绝”到“满招损，谦受益”再到“和谐大同”，适度原则是我们行事的重要准绳。

多多并不能永远益善，做人要懂得取舍的适度，尤其是在轻易就得到的时候。

懂得取舍适度的范蠡在步入荣华之际，急流勇退离开越国，成就了泛舟西湖的佳话。而与他同样是功臣的文种却落得一个抑郁赴死、身首异处的下场。当面临轻易可得的更多利益的时候，舍弃是最难做到的。范蠡做到了，于是有了后世的佳话；文种舍不下，最终成了千古叹息。俾斯麦舍弃了，于是为德意志的统一奠定了基础；拿破仑二世舍不下，终是落得个国破被俘的下场。急流勇退谓之知机，做事坚持适度，不仅体现远见，更体现境界。

多多并不益善，适度才是人生的航标，使人们不至于在追逐中迷失自我。

当金钱成为衡量人生成败的重要标准时，尽力去赚钱成为人们生活的全部内容。须知道，人类挣钱是为了生活，但活着并不只是为了挣钱。在疯狂地追逐金钱的过程中，有些人早已迷失了自我，忘记了当初挣钱的目的，人异化成了金钱的奴隶。钱能买到亲情吗？钱能买到夜空中明亮的星星吗？为了挣钱而挣钱，为了追逐而追逐，这不应该是人生的意义。

多多并不益善，把握适度的人生，才能把握住本真的自己，活出“人”的真谛。

第21天

一、单项选择题

1. A[**解析**]该校能够将中华传统文化和学科知识结合，不局限于知识的传授，同时又注重学生的品德培养，体现了素质教育是促进学生全面发展的教育。故本题选A。
2. C[**解析**]题干告诉我们要认识到木材之间的区别，不同的木材有不同的用途。该思想符合学生是具有个性与差异的人这一观点。C项正确。
3. B[**解析**]素质教育是促进学生全面发展的教育。

学校教育不仅要抓好智育,更要重视德育,还要加强体育、美育、劳动技术教育和社会实践,使诸方面的教育相互渗透、协调发展,促进学生的全面发展和健康成长。题干中该教师要求学生在假期补课,说明只重视成绩,忽视了学生的其他发展,违背了素质教育的理念。

4. D[解析]课堂上有些偶发事件使教师处于窘境,为了既不拖延时间,又不损害教师威信,教师可发挥其教育机智,暂时让自己摆脱窘境。D项中该教师面对损害自己的行为以幽默带过,既显示了教师的宽容大度,又让自己摆脱尴尬境地,还为学生创设了自我教育的氛围。

5. C[解析]《中华人民共和国义务教育法》第十九条规定,"普通学校应当接收具有接受普通教育能力的残疾适龄儿童、少年随班就读,并为其学习、康复提供帮助"。题干中学校拒绝王某儿子的入学申请,做法不合法。

6. B[解析]《中华人民共和国未成年人保护法》第五十二条规定,"人民法院审理离婚案件,涉及未成年子女抚养问题的,应当听取有表达意愿能力的未成年子女的意见,根据保障子女权益的原则和双方具体情况依法处理"。

7. A[解析]根据《中华人民共和国教师法》第三十七条规定,"教师故意不完成教育教学任务给教育教学工作造成损失的,由所在学校、其他教育机构或者教育行政部门给予行政处分或者解聘"。

8. B[解析]根据《中华人民共和国义务教育法》第十七条规定,"县级人民政府根据需要设置寄宿制学校,保障居住分散的适龄儿童、少年入学接受义务教育"。

9. C[解析]《中华人民共和国未成年人保护法》第五十八条规定:对未成年人犯罪案件,新闻报道、影视节目、公开出版物、网络等不得披露该未成年人的姓名、住所、照片、图像以及可能推断出该未成年人的资料。该电视台的行为侵犯了蒋某的隐私权。

10. B[解析]根据《中华人民共和国教师法》第七条规定,教师享有指导学生的学习和发展,评定学生的品行和学业成绩的权利。题干中该班主任拒绝了校长的要求是合理的,班主任享有评定学生的品行和学业成绩的权利。

11. A[解析]根据《中华人民共和国预防未成年人犯罪法》第十六条规定,中小学生旷课的,学校应当及时与其父母或者其他监护人取得联系。题干中的学校应当及时与陈某的监护人联系,告知陈某的情况,使其返回学校上课。

12. B[解析]根据《学生伤害事故处理办法》第三十一条规定,学校有条件的,应当依据保险法的有关规定,参加学校责任保险。教育行政部门可以根据实际情况,鼓励中小学参加学校责任保险。提倡学生自愿参加意外伤害保险。

13. B[解析]爱岗敬业是教师职业的本质要求。它要求教师要对工作高度负责,认真备课上课。材料中的校长要求教师要认真上课,体现了教师爱岗敬业的职业道德规范。

14. C[解析]教师人际行为规范中,要求教师之间的交往应做到:互相尊重,切忌嫉妒;相互学习,取长补短;平等相待,不卑不亢;乐于助人,关心同事。题目中的秦老师拒绝帮生病的李老师代课,没有做到关心同事、乐于助人,不利于形成和谐互助的同事关系。

15. C[解析]教书育人要求教师既要教授学生知识,又要培育学生品行,要把两者有机地结合在一起,更好地实现教育目的。教师采取"人师"和"经师"二者合一,体现的就是教书育人。

16. C[解析]关爱学生要做到:关心爱护全体学生,尊重学生人格,不体罚或变相体罚学生。王老师的做法构成了体罚,没有做到关爱学生。

17. C[解析]牧野之战是武王伐纣的决胜战,其结果是纣王自杀,商朝灭亡,故本题选C。赤壁之战和官渡之战发生在东汉末年。淝水之战发生在东晋和前秦之间。

18. D[解析]一束白光通过三棱镜折射后,被分解为"红、橙、黄、绿、蓝、靛、紫"七色光。

19. A[解析]箜篌是中国古代传统弹弦乐器(又称拨弦乐器)。在古代有卧箜篌、竖箜篌、凤首箜篌三种形制。

20. D[解析]D 项中的华为 5G 不是航天技术。5G，即第五代移动通信技术。故选 D。

21. C[解析]维吾尔族舞蹈中头、肩、腰、臂、肘、膝、脚等都有动作，传神的眼神更具有代表性。再加上动脖子、弹指头、翻腕子等一系列的小装饰，更形成了维吾尔族舞蹈的特点。新疆的歌舞艺术绚丽多姿，因此自古以来以“歌舞之乡”著称。

22. D[解析]①选自杜牧的《清明》，是清明节，公历的 4 月 5 日前后。②选自王维的《九月九日忆山东兄弟》，是重阳节，农历九月初九。③选自王安石的《元日》，是春节，农历正月初一。④选自王建的《十五夜望月寄杜郎中》，是中秋节，农历八月十五。故 D 项正确。

23. B[解析]人类基因组计划被认为是生命科学研究领域中有史以来的第一个“大科学”项目，其意义和影响不亚于研究原子弹的“曼哈顿计划”和载人飞船登月的“阿波罗计划”。

24. D[解析]所谓的“火要虚”就是要增加可燃物与空气的接触面积。

25. B[解析]抗日战争的时间从 1931 年 9 月 18 日“九一八”事变开始算起，至 1945 年结束，共十四年抗战。

26. C[解析]在 Excel2003 的排序对话框中每次最多可按 3 个关键字进行排序。

27. A[解析]在 PowerPoint2013 中，“动画”选项卡可以对幻灯片上的对象应用进行更改或删除动画的操作。对图标、形状进行修改是在“插入”选项中操作。“主题”中可以对主题设计和颜色进行修改。动画设计可以对选择对象进行动画效果、呈现次序等进行一系列操作，是个相对高层次的概念。页面设计一般可以通过母版设计对幻灯片大小、颜色等进行操作。综上，A 项正确。

28. A[解析]根据题意，可以推导出青青对学科的喜爱应是英语 > 语文，化学 > 物理，语文 > 化学，数学 > 英语。因此，青青喜爱各学科的程度由高到低依次是数学、英语、语文、化学、物理。

29. A[解析]从题干可以看出前面三位数字与后面的数字有一定的对应关系。以题干中“3 + 4 + 9 →122736”为例，条件为 3 + 4 + 9，由 3、4、9 三个数字组成，结果为 122736，把结果从左到右分为三组，依次为 12、27、36，12 = 3 × 4，27 = 3 × 9，36 = 4 × 9，故规律为：第一组数字为条件中第一、第二位数字的乘积，第二组数字为条件中第一、第三位数字的乘积，第三组数字为条件中第二、第三位数字的乘积。据此对各项分析后可得 A 项正确，具体如下：8 × 5 = 40，8 × 2 = 16，5 × 2 = 10，组合即为 401610。

二、材料分析题（参考答案）

30. 崔老师开放民主的教育理念虽然值得借鉴，但他的做法不符合素质教育观的相关要求。具体分析如下：

(1)素质教育强调教师应面向全体学生。素质教育倡导人人有受教育的权利，强调在教育中每个人都得到发展，而不是只注重一部分人，更不是只注重少数人的发展。材料中崔老师喜欢找学习好的学生进行谈话，而对于成绩不太好的学生却不加干预，说明崔老师只注重个别学生的发展，违背了素质教育面向全体学生的要求。

(2)素质教育应促进学生的全面发展。素质教育倡导的是在教育中使每个学生都得到充分的、全面的发展。实施素质教育必须坚持德育、智育、体育、美育和劳动技术教育并举，促进学生生动活泼地发展。材料中崔老师对偏科的学生以及不喜欢体育锻炼的学生过分“宽容”，不利于学生综合素质的提高，违背了素质教育促进学生全面发展的要求。

(3)素质教育应促进学生个性发展。每个人由于先天禀赋、环境影响、接受教育的内化过程等方面存在诸多差异，因此要求教师对学生进行差异性教育，做好因势利导，因材施教。材料中崔老师虽然意识到学生之间存在差异，但并没有针对学生的差异进行针对性教学，过于消极，没有促进学生的个性发展。

综上所述，崔老师没有正确落实素质教育观，没能促进全体学生的全面发展和个性发展，作为老师我们应引以为戒。

32. 材料中，张老师的行为严重违背了教师职业道德规范的要求，我们要引以为戒。

(1)教师职业道德规范要求教师爱国守法。教师要遵守国家各项法律法规，依法履行教师职责和权利。材料中，张老师用"个人指导"等方式严重伤害了学生的身心健康，违背了相关的教育法律法规，侵害了学生的权益。

(2)教师职业道德规范要求教师关爱学生。教师要面向全体学生，尊重学生人格，平等公正对待学生。材料中，张老师对学生教育的耐心不足，教育方法简单粗暴，不但不能取得良好的教学效果，还打击了学生进步的积极性。

(3)教师职业道德规范要求教师为人师表。教师应该坚守高尚情操，知荣明耻，严于律己，以身作则，举止文明。材料中，张老师在学生面前无法控制不良情绪，恶语伤人，给学生成长造成了极坏的影响。

(4)教师职业道德规范要求教师爱岗敬业。教师应该忠诚于人民的教育事业，勤恳敬业。对工作高度负责，认真备课上课，认真辅导学生，不得敷衍塞责。材料中，张老师上课呆板无趣，教学效果差，不但没有进行教学反思，反而将责任归咎于学生，难以取得良好的教学效果。

综上所述，材料中教师的行为已经违背了教师职业道德的要求，产生了不良影响，学校或当地教育主管部门应对其进行严肃处理。

32. (1)"眼睛都湿润"的原因是"为了那默默行善的老人"，"心湿漉漉"的原因是"那一刻，我们才醒悟，其实我们每个人身旁都有那个开门的老人，在为我们开着方便之门，他们就像这小小的嫩黄的桂花，悄悄地释放着幽香，然后悄悄地凋零"。

(2)其实我们每个人身旁都有个开门的老人，在为我们开着方便之门，他们给我们带来了许多感动，使我们品尝到生活的美好；生命的美好在于默默地奉献，人生因奉献而变得绚丽多彩。

三、写作题(参考范文)

33. **教育是培养人的艺术**

叶圣陶先生曾说："教育是农业，不是工业。"我认为，这句话包含了两层意思，一是教育与农业相仿，种子的生长是一个缓慢的过程，需要很长的一段周期，学生的培养也是一个长期而缓慢的过程，"十年树木，百年树人"，教育培养出的学生不可能像工业产品那样迅速出炉。二是学生的成长就像是把种子播到地里，给它充分合适的条件，如水、阳光、空气、肥料等，让它自己发芽生长，自己开花结果。学生是有生命的，在适当的条件下，能自己发育、成长。而工业则与此不同，工业是将原料按照一定的工序统一加工，得出全然一致的产品。而教育，是在一个相当长的时期内给学生提供充分的合适条件，以供其健康成长。学生是具有鲜活生命与独特个性的人，这就决定了教育是培养人的艺术，是慢的艺术，是因材施教的艺术，是适当放手的艺术。

首先，教育是慢的艺术。学者张文质曾说："教育是一种慢的艺术。"慢，是教育艺术的题中之义，要求教师在教育中要循序渐进，尊重学生个体身心发展的顺序性规律。然而，现在的教育中不乏急功近利的现象。有些家长希望自己的孩子能够赢在"起跑线"上，教师也希望自己的学生能够迅速胜人一筹。于是，孩子们的教育起步越来越早，越来越多的孩子从幼儿园起便背唐诗、学钢琴、练书法……教师也急不可耐地将某一套"成功"的教学方法生搬硬套在自己的班级教学中，希望自己的学生能一鸣惊人。这些急功近利的学习和教育尝试，最终目的不是学生综合素质的提高，而是培养"读书成绩好，各门功课满分，能在比赛中拿名次"的"合格"的学生。实际上，这些"合格"的学生如同"合格"的工业产品，毫无生命力。而家长和教育工作者需要做的，就是让学生这颗独特的种子慢慢发芽、渐渐长高、静静开花，悄悄结果……

其次，教育是因材施教的艺术。教育的中心是人，教育的目的在于使人成为他自己。杜威说："教育即生长。"教育不能强行把一些知识、能力从外面放到人这个容器里面去，只是提供一个良好的环境，让他们正常地生长。教师要根据教育的特点，真正面向每一个孩子，因材施教。正如农民种的作物是多种多样的，每一种都有每一种的耕作方法，学生也是各不相同的，每一个学生都有各自的个性和特点，需要因人制宜地进行教育引导。学生的成长不只是知识技能的无止境的积累，更是精神和心灵的发育、成熟和提升。学生有其自身的意志和精神，也就是有属于他自身的本质力量。对这种本质力量，外部环境不能彻底改变它，只能满足它、顺应它、引导它、发展它。学生的成长就像植物的生长一样，有他自身的规律，教师只能为其发展提供充分的条件。

最后，教育是适当放手的艺术。农人种地时对每一粒种子都小心呵护，充满期望，但这并不意味着在种子发芽生长的过程中农人事必躬亲。教师应像农人一样，学会适当放手。农民给了种子适当的水分与养料，而怎么发芽，怎么破土而出，怎么长高那是种子自己的事。教育孩子同样需要学会放手。在教育教学过程中，教师要承担培养学生的责任，用爱心去引领学生的成长，用知识去开阔学生的视野，在一个相当长的时期内，教师需要引领学生成长，但这并不意味着教师要为学生选好他要走的每一步路，也不意味着教师干涉学生的每一个选择。正如丰子恺先生的一幅标题为《教育》的漫画，画中是一个做泥人的师傅，一本正经地把一个泥团往模子里按，模子里脱出来的泥人个个一模一样。学生不应是预先设计好的泥人，教师要是像那个师傅一样只管把他们往模子里按，那他的教育就一定是失败的。

教育是培养人的艺术，是慢的艺术，是因材施教的艺术，也是适当放手的艺术。在教育过程中，教师要像对待农作物一样，有足够的耐心，尊重学生个体身心发展的顺序性规律，对不同的学生有不同的方法，适当放手，发挥学生的主体作用。教师应像台湾作家龙应台在《孩子，你慢慢来》中写的那样："我坐在斜阳浅照的石阶上，望着这个眼睛清亮的小孩专心地做一件事！是的，我愿意等上一辈子的时间，让他从从容容地把这蝴蝶结扎好，用他五岁的手指。孩子你慢慢来，慢慢来。"

图书反馈

重磅！真题重奖征集！

凡提供当年度考试真题者，均可获得现金奖励。具体请联系QQ:3232490489。

（温馨提示：所提供真题须是当年度考试真题，且真实有效。最终解释权归山香教育所有）

亲爱的考生：

感谢您对山香教育的信任和支持，您的建议是我们前进的动力！为进一步提高图书质量，我们特向全国各地的考生开展有奖反馈活动。

1. 凡提供山香图书的错题反馈者，均能获得价值99元的山香网课《高频考点》（基础版）大礼包1份。

2. 凡提供反馈项目者，可获得价值299元的山香网课《高频考点》（豪华版）超级大礼包1份。

3. 我们从意见被采纳人员中每月抽取幸运者2名，各奖励价值1380元的山香网校网课大礼包一份。

图书反馈链接

¥99
大礼包

¥299
超级大礼包

反馈项目

姓名：　　　　　　专业：　　　　　　报考地区：

手机号：　　　　　QQ号：

1. 您认为图书中可以增加哪些模块或内容，有助于您的学习？

2. 您对本书的印刷、装订、封面有何意见和建议？

3. 结合山香现有图书和考情需要，您还需要哪些形式的备考资料？

联系方式：400-600-3363　　**研发部**QQ：1831595423

招教网：http：//www.zhaojiao.net　　**山香网校**：http：//www.sx1211.cn

图书订正链接